Friedrich Engels

La guerre des paysans en Allemagne

Introduction, traduction entièrement revue et notes
d'Émile BOTTIGELLI

FSC
www.fsc.org
MIXTE
Papier issu de sources responsables
Paper from responsible sources
FSC® C105338

Édition : BoD • Books on Demand GmbH, In de Tarpen 42, 22848 Norderstedt (Allemagne)
Impression : Libri Plureos GmbH, Friedensallee 273, 22763 Hamburg (Allemagne)
ISBN : 978-2-3225-5584-0
Dépôt légal : août 2024

TABLE DES MATIÈRES

INTRODUCTION

Après le dernier numéro imprimé en rouge de la Neue Rheinische Zeitung, le 19 mai 1849, Friedrich Engels se joignit aux troupes badoises engagées dans la lutte pour la Constitution du Reich, montrant ainsi que les rédacteurs du journal n'hésitaient pas à prendre les armes pour défendre les idées qu'ils avaient soutenues dans leurs articles. Ce fut une campagne assez brève, au cours de laquelle les insurgés se défendirent vaillamment contre les troupes supérieures en nombre du prince Guillaume de Prusse, mais durent finalement passer en territoire suisse le 12 juillet. Engels se retrouvait dans la situation de combattant interné en pays neutre, coupé des anciens collaborateurs du journal, et notamment de Marx.

Celui-ci séjournait à Paris où il avait été délégué comme plénipotentiaire du gouvernement révolutionnaire du Palatinat et vivait les derniers soubresauts parisiens de la Révolution de 1848. Mais dès la fin d'août il venait s'installer à Londres pour échapper à la résidence forcée dans le Morbihan, réputé alors comme un foyer de fièvres malignes. L'exil commençait pour lui, qui allait durer jusqu'à la fin dé sa vie.

C'est en novembre 1849 seulement que Marx et Engels se trouvèrent à nouveau réunis dans la capitale anglaise. La lutte n'était nullement terminée pour eux. Ils estimaient que le mouvement révolutionnaire pouvait reprendre et qu'il fallait être prêt à toute éventualité. Il convenait donc de continuer le travail d'éclaircissement théorique par une publication périodique et de réorganiser la Ligue des Communistes. La Neue Rheinische Zeitung. Politisch-ökonomische Revue paraîtra dès mars 1850 et se maintiendra jusqu'en novembre, succombant aux difficultés d'édition. À cette date d'ailleurs, Marx et Engels avaient conclu de l'analyse de la situation que les chances de reprise du mouvement révolutionnaire étaient subordonnées à l'éclatement d'une nouvelle crise économique.

C'est dans le numéro 5/6 de la revue qui sort à Hambourg le 29 novembre 1850 que paraît l'ouvrage d'Engels devenu aujourd'hui classique : La Guerre des paysans en Allemagne.

Les quelques numéros qui avaient pu paraître apportaient aussi deux contributions éminentes à l'illustration du matérialisme historique, tel que l'avait défini le Manifeste en 1848. En effet, Marx y avait publié la série d'articles connus aujourd'hui sous le nom de Les Luttes des classes en France et qui constitue la meilleure analyse du déroulement de la Révolution de 1848 en France.

Nous sommes peu renseignés sur la genèse de La Guerre des paysans. Comme toujours pour les périodes où Marx et Engels résidaient dans la même ville cette source inappréciable que constitue leur correspondance fait défaut. C'est très probablement au cours des discussions qu'eurent les deux amis que s'élabora cette étude. Il ne peut donc être question d'un début de rédaction avant qu'Engels ait retrouvé Marx à Londres vers le 10 novembre 1849. Et encore il est probable que la multitude des tâches auxquelles ils durent faire face ne leur laissait pas grands loisirs. Il importait en effet de renouer des contacts avec les membres de la Ligue des Communistes qui avaient réussi à quitter l'Allemagne, d'organiser les secours pour les réfugiés politiques, d'assurer les liaisons avec les Chartistes anglais et les exilés français. Dans la perspective qu'ils avaient encore d'une reprise du mouvement révolutionnaire, les tâches d'organisation primaient sur toutes les autres.

Au cours du long voyage qu'il avait fait pour rejoindre Londres, Engels avait déjà élaboré une première contribution à la future revue. C'est en effet à cette date qu'il rédige cette Campagne pour la Constitution du Reich où il relate les épisodes souvent héroï-comiques de la guerre des insurgés dans le Palatinat et dans le Bade. Sa préoccupation essentielle est, à ce moment-là, plutôt de montrer les défauts des petits bourgeois démocrates et leur impuissance, que de ranimer la foi des communistes en une issue révolutionnaire. Il semble d'ailleurs qu'il ne termine la rédaction de ce reportage politique qu'en février 1850. C'est donc entre le début de 1850 et la fin de l'été que se situent la genèse et la mise au point de La Guerre des paysans.

Les dernières lignes de l'ouvrage où s'exprime la foi d'Engels en une issue positive du mouvement européen de 1848 montrent qu'elles sont écrites avant que Marx et lui soient arrivés à la conclusion qu'ils formulent dans la « Revue, mai à octobre 1850 ». Ils rédigent cette revue des événements fin octobre et, si La Guerre des paysans était postérieure, elle serait en contradiction avec cette appréciation politique. Engels aurait en tout cas été moins affirmatif et n'aurait pas visé à confirmer chez ses lecteurs cette foi en l'issue victorieuse du mouvement de 1848.

L'expérience révolutionnaire que l'Allemagne vient de vivre et les insurrections paysannes de 1525 sont donc étroitement liées dans l'esprit d'Engels lorsqu'il écrit son livre. Dès leur arrivée en Allemagne au printemps 1848, Marx et Engels avaient compris que l'heure n'était pas venue pour le prolétariat de prendre le pouvoir dans un pays aux structures sociales encore féodales et que la tâche du mouvement de 1848 était de renverser le féodalisme et d'assurer la victoire de la bourgeoisie. Ils avaient apporté tout le poids de la classe ouvrière pour appuyer l'aile démocratique de la bourgeoisie dont la tâche historique immédiate était de balayer les restes du régime aristocratique et monarchique et d'instaurer sa domination politique. C'est dans les conditions créées par le régime bourgeois que le prolétariat pouvait gagner sa propre émancipation, et il fallait créer d'abord ces conditions.

L'analogie avec les événements de 1525 s'imposait alors. La guerre des paysans avait été une première tentative pour mettre fin au régime féodal et elle avait échoué en raison des hésitations et même parfois des trahisons de la bourgeoisie des villes. La même parcellisation qu'en 1848 avait empêché au début du XVIe siècle la classe montante de trouver son unité et de remporter la victoire avec l'appui des paysans insurgés. Les défauts et les erreurs qui avaient conduit à l'écrasement des insurrections paysannes s'étaient retrouvés en 1848 et avaient conduit au même renoncement de la bourgeoisie. L'analyse d'Engels est tout entière dominée par ces ressemblances. Mais comme sa méthode est celle du Manifeste, comme il aborde les problèmes de la Réforme pour y déceler les effets de la lutte des classes, il va donner de ces événements une explication nouvelle : malgré son travestissement religieux, la guerre des paysans est la première expression historique de la lutte de la bourgeoisie pour s'emparer du pouvoir. Si au XIXe siècle l'évolution historique des Allemands apparaît comme en retard sur celle des autres peuples d'Europe, ils ont été au XVIe siècle les précurseurs des révolutions anglaises et françaises qui ont donné le pouvoir à la bourgeoisie.

*

C'est dans la période correspondant à la montée économique de la classe bourgeoise en Allemagne, dans les années qui préparent la révolution de 1848, que renaît l'intérêt pour la guerre des paysans. En 1842, l'historien qui sera plus tard le représentant de l'idéologie des hobereaux, Leopold von Ranke, publie son Histoire de l'Allemagne à l'époque de la Réforme. *S'il pose le problème de l'unité nationale, son appréciation de la guerre des paysans est né-*

gative. Elle ne lui apparaît pas comme une nécessité, mais plutôt comme l'irruption des forces destructives de la société. Sans nier le rôle de la personnalité de Thomas Münzer, il reste prisonnier de l'idéologie luthérienne dominante : ses prédications mettent en mouvement les éléments destructeurs dont ne peut venir aucun progrès. L'aile radicale qui suit Münzer lui apparaît comme le rassemblement des forces négatives. Le progrès ne peut résulter que de l'ordre soutenu par la hiérarchie et le pouvoir.

Par rapport à celle de Ranke, l'étude de Wilhelm Zimmermann Histoire générale de la grande guerre des paysans parue entre 1841 et 1842 est animée d'un tout autre esprit. Zimmermann était un bourgeois démocrate qui siégera à l'Assemblée de Francfort en 1848 et se situera dans la gauche avancée. Son livre apportait toutes sortes de documents peu connus et constituait un apport scientifique réel. Mais surtout l'auteur voit dans la guerre des paysans une force créatrice et progressive visant à la transformation du régime social. L'unité nationale n'est pas possible si le régime féodal n'a pas été anéanti et le régime social démocratisé. Mais surtout son appréciation du rôle des deux grandes figures de la Réforme, Luther et Münzer, se sépare de la tradition. Münzer est pour Zimmermann plus logique que Luther, car il étend la notion de liberté proclamée par la Réforme dans le domaine spirituel à l'État et au pouvoir séculier. Alors que

Luther a terni son prestige de héros national en se ralliant à l'autorité des princes et en condamnant les insurrections paysannes, Münzer est resté fidèle à lui-même en épousant jusqu'au bout la cause des paysans. Il fait pour Zimmermann figure de révolutionnaire.

Il est probable que le jeune Engels a lu l'ouvrage dès sa parution. Pendant son premier séjour en Angleterre, de 1842 à 1844, il est en contact avec les Chartistes et écrit pour The New Moral World des articles destinés à éclairer les Britanniques sur la situation sociale et politique sur le continent. Dans un article de novembre 1843, Progress of social Reform on the continent [1], Engels fait une place à la guerre des paysans en Allemagne pour montrer que ce pays a eu aussi ses réformateurs sociaux dès l'époque de la Réforme. Le jugement qu'il porte sur le soulèvement des campagnes et sa liaison avec l'œuvre de Luther s'inspire très nettement de Zimmermann. On y retrouve l'idée de l'extension à l'État et à la société des enseignements de la Bible et des conceptions du christianisme primitif. La personnalité de Münzer y apparaît avec son rôle positif. Le communiste fraîchement converti qu'est le jeune Engels en 1843 a d'ailleurs surtout retenu les doctrines des anabaptistes préconisant la communauté des biens, mot d'ordre qui avait alors cours dans les milieux d'ouvriers révolutionnaires et qui ne disparaîtra guère avant les interventions de Marx et d'Engels au Congrès de la Ligue des Communistes de décembre 1847.

Lorsqu'Engels reprend le thème de la guerre des paysans en 1850, il a déjà élaboré avec Marx les fondements du matérialisme historique dans l'Idéologie allemande (1846) ; ils ont tous deux formulé le programme du communisme scientifique avec le Manifeste (1848) ; ils viennent de faire l'expérience vivante du mouvement révolutionnaire. C'est donc avec des conceptions toutes différentes qu'il aborde ce travail. La guerre des paysans s'inscrit dans l'histoire comme un épisode de la lutte des classes. C'est moins le rôle des grandes personnalités de la Réforme qu'il s'agit de mettre en valeur que d'analyser les intérêts de classes dont ils sont les porte-parole. Il importe de déceler sous les travestissements religieux les revendications des diverses couches sociales. Le capitalisme n'en est qu'à ses débuts, la bourgeoisie est une classe en formation qui n'a pas encore acquis une conscience claire de sa mission historique, qui reste encore prisonnière de l'idéologie féodale et ne sait pas quels sont ses alliés naturels. La plèbe des villes et la paysannerie supportent tout le poids de l'édifice social comme aujourd'hui le prolétariat mais elles ne sont ni conscientes de leurs intérêts spéci-

[1] Voir l'extrait donné en annexe I.

fiques, ni susceptibles d'entreprendre des actions autres que spontanées. Leurs ennemis sont le haut clergé et les seigneurs : les pillent les couvents paysans, brûlent les châteaux. Alors qu'organisés en bandes armées ils constitueraient par une action unie une menace redoutable pour le régime des féodaux et des patriciens, leurs intérêts locaux les divisent et ils se laissent tromper par les manœuvres de leurs adversaires. Le mérite d'Engels est d'avoir su analyser les conditions sociales et politiques de la guerre des paysans, en montrant l'immaturité et les erreurs et en même temps de déceler en quoi elle était une anticipation des luttes historiques à venir. Elle n'annonce pas, comme il le pensait encore en 1843, le communisme. Les mots d'ordre des paysans que condensent les « douze articles » sont en réalité l'expression radicale d'une autre révolution qui cherche encore sa voie : les paysans sont, par leur action, les pionniers de la révolution bourgeoise, les annonciateurs de la fin nécessaire de l'ordre féodal.

Engels a lui-même insisté sur le fait que son livre n'apportait pas de documents nouveaux, mais réutilisait en les condensant les matériaux fournis par l'étude approfondie de Zimmermann. Si par rapport à Ranke il fournissait une interprétation nouvelle et dont les études historiques ultérieures ont confirmé la validité, il donnait aussi au livre de

Zimmermann son sens véritable. Pour cet auteur, le problème posé par la guerre des paysans était surtout un problème politique. Il n'y voyait pas l'expression des conflits sociaux de l'époque de la Réforme. Le grand mérite d'Engels est d'avoir su opérer la généralisation théorique des matériaux rassemblés par Zimmermann et d'avoir ainsi replacé ce que beaucoup considéraient comme une sorte de jacquerie sans raisons ni conséquences profondes dans le développement de l'histoire. Au début dit XVIe siècle la guerre des paysans en Allemagne, dans le pays généralement considéré dans la moitié dit XIXe siècle comme le pays politiquement et socialement le plus en retard sur ses voisins, n'est au fond que la première manifestation de la lutte de la bourgeoisie pour son émancipation, lutte qui pendant deux siècles va dominer l'histoire de l'Europe. Dans La Guerre des paysans Engels avait en fin de compte opéré le même travail que Marx dans Les Luttes des classes en France : il avait à propos d'événements historiques réels apporté la preuve que la conception marxiste de l'histoire explique leur déroulement, leur donne un fondement scientifique qui renouvelle leur interprétation et leur étude. Le livre d'Engels, malgré ses insuffisances, restera longtemps encore exemplaire.

Bien entendu, cet ouvrage écrit en 1850 ne constitue plus aujourd'hui le dernier mot de la science. Depuis sa parution la recherche historique a mis au jour des documents qui corrigent les erreurs de Zimmermann reprises par Engels. D'autre part, les historiens marxistes ont affiné leurs analyses. Dans sa lettre du 14 juillet 1893 à Franz Mehring, Engels lui-même faisait la critique de ses propres travaux, indiquant que les nécessités de la lutte pour faire triompher le marxisme l'avaient souvent amené à mettre un peu trop l'accent sur l'économie et à négliger l'importance des idéologies et leur rôle. S'agissant de la Réforme qui fut à l'origine et essentiellement une révolte spirituelle contre la domination de l'Église romaine, on ne saurait minimiser les préoccupations religieuses des hommes de cette époque. On connaît mieux aussi les problèmes qui étaient les leurs, leurs préoccupations en face de la mort, le rôle que posait dans leur vie terrestre la hantise du salut dans l'au-delà. Les études sur Münzer ont également mieux dégagé les éléments de sa personnalité et il apparaît aujourd'hui comme un homme de la taille de Luther. Zimmermann avait fait de lui seulement un révolutionnaire. Déjà Engels avait nuancé ces jugements. Il semble bien qu'il faille tenir plus compte du contenu religieux de sa pensée et lui restituer sa figure de réformateur.

Il n'empêche que la synthèse faite par Engels, si elle doit être corrigée dans le détail, reste exemplaire par sa méthode et la justesse de l'analyse des rapports sociaux. Elle constitue aujourd'hui encore un sujet d'étude et de fructueuses méditations.

*

Nous en sommes réduits aux conjectures quant à l'accueil qui fut fait à La Guerre des paysans au moment de sa parution. Le numéro double de la revue dans laquelle elle parut devait être le dernier. Les tentatives pour la faire reparaître échouèrent. On était entré dans la période de réaction suivant la défaite et le mouvement ouvrier allemand allait connaître une longue éclipse après le procès de Cologne en 1852. À combien d'exemplaires la revue était-elle tirée ? On avait commencé avec 2 000 ou 2 500, mais à mesure que les difficultés s'accroissaient, le tirage baissait sans doute. Il n'y a pas eu, à ma connaissance, d'échos dans la presse qui pouvait continuer à paraître.

Il est d'ailleurs probable que Marx et Engels ne se sont pas intéressés outre mesure à l'accueil que l'ouvrage pouvait rencontrer. Les difficultés commençaient au sein du groupe de réfugiés allemands à Londres et plus particulièrement de la Ligne des Communistes. Dès la fin d'août des discussions avaient éclaté qui conduisirent à la série bien connue des campagnes de calomnies et des exclusions réciproques. À cela il faut ajouter les difficultés de la vie d'exil : pour Marx la lutte contre le dénuement, pour Engels la nécessité de reprendre ses activités commerciales au sein de la firme Ermen et Engels. Cela signifiait pour lui renouer des liens avec sa famille, et son père ne facilita nullement les choses à ce fils qu'il avait rencontré pour la dernière fois sur les barricades d'Elberfeld, mais de l'autre côté naturellement.

On entre dans une période où le mouvement ouvrier a peu de perspectives. En Allemagne c'est la répression. Les liens avec les membres de la Ligue cesseront après le procès de Cologne en 1852 et la classe ouvrière allemande subira son sort sans mot dire, maintenant tant bien que mal des liens vivants sous le couvert des rares associations autorisées. Il faut attendre les années 60 pour que, avec le développement rapide de la grande industrie, le prolétariat allemand puisse songer à une organisation politique. L'année 1863 marque la renaissance du mouvement ouvrier avec la création de l'Association générale des travailleurs allemands par Lassalle. En 1864 est fondée la Première Internationale.

Un homme réfugié à Londres après 1848 et devenu un des familiers de Marx, Wilhelm Liebknecht, est rentré en Allemagne et va animer avec Bebel les associations ouvrières à l'aide desquelles se créera en 1869 le Parti social-démocrate à Eisenach. En 1866 Liebknecht a créé avec des bourgeois démocrates le Parti populaire saxon et il est le rédacteur en chef de leur journal : Das demokratische Wochenblatt. Il s'efforce de diffuser les idées de Marx et de faire connaître les travaux de l'Internationale. Mais la feuille a peu de retentissement et Marx et Engels sont réservés à l'égard de Liebknecht qu'ils ne tiennent pas pour un génie politique.

C'est pourtant lui qui proposa en mars 1869 de reprendre La Guerre des paysans dans son journal, d'abord en feuilleton, puis en brochure. Cette proposition est accueillie avec assez peu d'enthousiasme par Engels qui craint, étant donné les dimensions du journal, que la publication dure trop longtemps pour avoir un véritable effet. Par contre, il ne serait pas opposé à la réimpression sous la forme d'une brochure populaire à bas prix. Il semble cependant que Marx et Engels fassent assez peu confiance à Liebknecht pour cette entreprise, car il manquerait de sens pratique. Mais l'idée d'une nouvelle édition prend corps et ils songent à la proposer soit à Wilhelm Eichhoff, soit à Meissner qui a publié le Livre I du Capital. Cependant la chose se révèle impossible et à la fin de juin 1869 le projet semble abandonné, bien que Liebknecht insiste.

Vers la fin de l'été le Congrès d'Eisenach a fondé le Parti social-démocrate et qui sait Liebknecht entouré d'hommes comme Bracke et Bebel, conseille maintenant à Engels d'envisager la réédition. Il lui écrit le 25 septembre 1869 : « Liebknecht m'a de nouveau écrit à propos de ta Guerre des paysans qui doit être imprimée comme ouvrage de propagande. Comme cette fois la chose paraît sous les auspices du Comité central d'Eisenach, je te conseille de faire les corrections nécessaires et d'envoyer la chose sans autre discussion. » Engels donne son accord et l'ouvrage paraîtra d'abord en feuilleton dans le Volksstaat, organe du parti d'Eisenach entre le 2 avril et le 25 juin 1870, avant d'être publié en brochure au mois d'octobre.

Pour la brochure Engels avait écrit une préface qui était pour lui l'occasion de faire le point de la situation historique. En 1866 Bismarck avait franchi une première étape dans la constitution de l'unité allemande en battant les Autrichiens à Sadowa et en créant la Confédération de l'Allemagne du Nord. La bourgeoisie avait accepté de renoncer au pouvoir politique, et si elle se trouvait maintenant grâce au développement économique au niveau des autres bourgeoisies d'Europe, la croissance du prolétariat faisait que son heure était passée et que c'est de l'alliance de la classe ouvrière et du prolétariat agricole que devait venir l'impulsion politique décisive. Cette mise au point était à la fois un tableau du développement social en Allemagne et une indication utile pour la tactique à venir du mouvement ouvrier.

Le succès de l'ouvrage fut grand malgré les événements historiques que connut l'Allemagne. Dès 1874 il fallait songer à une réédition. Engels n'apporta aucune modification au texte lui-même, bien qu'il semble y avoir songé. (« Cette édition est inchangée, comme d'habitude le délai qui me fut accordé était trop court. » — Lettre à Laura Lafargue du 15 octobre 1874.) Mais il compléta la préface de 1870. La fondation de l'Empire en 1871, le développement économique foudroyant des années qui précèdent le krach de 1873, l'attitude remarquable de la classe ouvrière allemande pendant la guerre et la Commune de Paris nécessitaient une mise au point. Une fois de plus Engels fait une synthèse remarquable de quatre ans d'histoire, et les jugements qu'il porte sont décisifs : la leçon d'avenir des événements récents est la force acquise par le mouvement ouvrier qui est le garant de son développement dans le futur. L'histoire du Parti social-démocrate allemand à la fin du siècle a parfaitement confirmé cette prévision.

La Guerre des paysans ne disparut pas des préoccupations d'Engels. En 1884, on lui demanda d'assurer une quatrième édition. Il envisage alors très sérieusement de remanier son œuvre et d'en faire le pivot d'une étude sur l'histoire de l'Allemagne. Il écrit à Édouard Bernstein le 11 novembre 1.884 : « Dès que j'ai fini avec le Livre II du Capital, j'espère trouver le temps de remanier La Guerre des paysans, qui apparaît cette fois comme le tournant de toute l'histoire d'Allemagne, et doit par conséquent recevoir au début et à la fin d'importants compléments historiques. Seul le récit de la lutte reste à peu près tel qu'il est. » Ces intentions ont laissé des traces et à la fin de 1884, il rédige la « Note pour La Guerre des paysans » qu'on trouvera en annexe [1].C'est aussi à la même époque qu'il écrit le texte sur l'essor de la bourgeoisie et la décadence de la féodalité que l'on trouvera en annexe [2].

Mais à cette date, Marx était mort et Engels s'employa a assurer l'édition des Livres II et III du Capital, la traduction anglaise du premier Livre, et d'une manière générale la réédition des œuvres de Marx qu'il fit toujours passer avant ses propres productions. Et jusqu'à la fin de sa vie il fut aussi le

[1] Voir annexe II.
[2] Voir annexe III.

guide du mouvement ouvrier mondial ce qui lui imposa au jour le jour des tâches dont il ne refusa aucune. Cependant La Guerre des paysans reste pour lui une préoccupation majeure, dont nous trouvons de multiples traces jusque dans ses dernières lettres. En mai 1891 il envisage d'entreprendre le remaniement dès que le Livre III du Capital sera à l'impression. En juillet 1893 il parle de l'introduction historique à sa Guerre des paysans qu'il espère écrire l'hiver prochain. Le 17 décembre 1894 il écrit encore à Laura Lafargue : « Il faut d'abord que je récrive complètement La Guerre des paysans qui est épuisée depuis des années ; c'est le premier travail que j'ai promis de faire après le troisième volume. » Trois mois avant sa mort il parle encore à Kautsky du remaniement de son livre.

*

Ce dessein d'Engels n'a pu être réalisé. Et nous pouvons le regretter amèrement. Nous aurions certainement disposé d'une vaste synthèse de l'histoire de l'Allemagne conçue par un des créateurs du matérialisme historique et qui aurait éclairé l'histoire de cette bourgeoisie allemande si controversée. Ces clefs pour l'histoire de son pays, Engels ne nous les a pas laissées. Mais avec La Guerre des paysans il nous a donné ce qui en eût été la pièce maîtresse.

Le livre a été écrit par l'homme qui était encore tout bouillant des luttes de 1848 et qui n'avait que trente ans. Et pourtant il y a fait preuve d'une étonnante sûreté de vue. Engels n'a pas fait œuvre originale en ce sens qu'il a utilisé des matériaux que d'autres avaient découverts. Il n'en reste pas moins qu'en les élaborant il a apporté une vision toute nouvelle de l'époque sans doute la plus originale et la plus importante de l'histoire de l'Allemagne, l'époque de la Réforme. C'est le sens profond de ce mouvement qui a emporté le centre de l'Europe au début du XVIe siècle qu'il a su dégager. Et la seule clef qu'Engels a laissée a ouvert et ouvrira encore bien des portes mystérieuses.

Juillet 1973.

E. BOTTIGELLI

PRÉFACE DE L'AUTEUR

I

Le présent ouvrage a été écrit à Londres pendant l'été de 1850, sous l'impression directe de la contre-révolution qui venait à peine de s'achever ; il parut dans les numéros 5 et 6 de la *Neue Rheinische Zeitung. Politisch-ökonomische Revue* dirigée par Karl Marx, Hambourg 1850. Mes amis politiques en Allemagne désirent le réimprimer et j'acquiesce à leur demande, car il est, aujourd'hui encore, malheureusement d'actualité.

Ce travail ne prétend pas fournir une documentation résultant d'une recherche personnelle ; au contraire, tous les matériaux relatifs aux soulèvements paysans et à Thomas

Münzer ont été empruntés à Zimmermann [1]. Son livre, quoique présentant ici et là des lacunes, reste encore le meilleur recueil des faits. Le vieux Zimmermann aimait d'ailleurs vivement son sujet. Ce même instinct révolutionnaire qui se manifeste partout ici en faveur de la classe opprimée fit de lui un des meilleurs représentants de l'extrême-gauche à Francfort [2]. Depuis, il doit certes avoir un peu vieilli.

Si par contre dans l'exposé de Zimmermann l'enchaînement interne fait défaut, s'il n'arrive pas à présenter les controverses religieuses et politiques de l'époque comme le reflet des luttes de classes contemporaines, s'il ne voit dans ces luttes que des oppresseurs et des opprimés, des méchants et des bons, et finalement le triomphe des méchants, si sa compréhension des rapports sociaux qui déterminèrent aussi bien l'explosion que l'issue de la lutte est tout à fait déficiente, la faute en est à l'époque où ce livre parut. On peut même dire que, pour son temps, ce livre est encore très réaliste et constitue une louable exception parmi les ouvrages des historiens idéalistes allemands.

---

[1] W. ZIMMERMANN : *Allgemeine Geschichte des groben Bauernkrieges*, t. 1-3, Stuttgart (1841-1843).

[2] Il s'agit de l'Assemblée nationale élue en 1848 et connue sous le nom de Parlement de l'Église Saint-Paul.

Mon exposé cherchait, en n'esquissant le cours historique de la lutte que dans ses grandes lignes, à expliquer l'origine de la guerre des paysans, la position prise par les divers partis qui y participèrent, les théories politiques et religieuses par lesquelles ils cherchèrent à se l'expliquer et enfin le résultat de la lutte à partir des conditions d'existence historique de ces classes. En d'autres termes, je cherchais à montrer que la Constitution politique de l'Allemagne, les soulèvements contre elle, les théories politiques et religieuses de l'époque n'étaient pas des causes, mais des résultats du degré de développement auquel étaient arrivés, dans ce pays, l'agriculture, l'industrie, les voies de communication, le commerce des marchandises et de l'argent. Cette conception — qui est la seule conception matérialiste de l'histoire — provient de Marx et non de moi ; on la retrouve dans ses travaux sur la révolution française de 1848-49, publiés dans cette même *Revue* et dans son *18 Brumaire de Louis Bonaparte.*

Le parallèle entre la révolution allemande de 1525 et celle de 1848-49 était trop proche pour pouvoir être écarté à l'époque. Toutefois, à côté de la similitude du cours général des événements, qui fait qu'ici comme là ce fut toujours une seule et même armée de princes qui écrasa l'une après l'autre les diverses insurrections locales, à côté de la ressemblance, poussée parfois jusqu'au ridicule, dans la conduite de la bourgeoisie urbaine dans l'un et l'autre cas, il y a aussi des différences parfaitement claires et nettes :

> « Qui profita de la révolution de 1525 ? *Les princes.* Qui profita de la révolution de 1848 ? Les *grands* souverains, l'Autriche et la Prusse. Derrière les petits princes de 1525 il y avait, liés à eux par le paiement des impôts, les petits bourgeois ; derrière les grands princes de 1850, derrière l'Autriche et la Prusse, il y a les grands bourgeois modernes qui se les soumettent rapidement au moyen de la dette d'État. Et derrière les grands bourgeois il y a les prolétaires. »

Je regrette d'être obligé de dire que, dans cette phrase, on faisait bien trop d'honneur à la grande bourgeoisie allemande. Elle a bien eu l'occasion, en Autriche comme en Prusse, « de se soumettre rapidement » la monarchie « au moyen de la dette d'État » ; mais jamais ni nulle part elle n'a profité de cette occasion.

La guerre de 1866 a fait tomber l'Autriche comme un don du ciel entre les mains de la bourgeoisie ; mais celle-ci ne sait pas régner, elle est impuissante et incapable de quoi que ce soit. Elle ne sait qu'une chose : sévir contre les travailleurs dès qu'ils bougent. Elle ne reste plus à la barre que parce que les *Hongrois* en ont besoin.

Et en Prusse ? Il est vrai, la dette d'État s'est vertigineusement accrue, le déficit est proclamé en permanence, les dépenses publiques augmentent chaque année, les bourgeois ont la majorité à la Chambre, sans eux on ne peut ni augmenter les impôts, ni obtenir de nouveaux emprunts — mais où est donc leur pouvoir sur l'État ? Il y a quelques mois à peine, lorsque le budget était de nouveau en déficit, ils avaient une position excellente. Il leur suffisait d'*un peu* de ténacité pour arracher de jolies concessions. Or que font-ils ? Ils considèrent comme une concession suffisante le fait que le gouvernement *daigne leur permettre* de mettre à ses pieds 9 millions, et cela non seulement pour un an, mais *annuellement* et pour toute la suite.

Je ne veux pas blâmer ces pauvres « nationaux-libéraux » de la Chambre plus qu'ils ne le méritent. Je sais qu'ils sont abandonnés par ceux qui sont derrière eux, par la masse de la bourgeoisie ; celle-ci ne veut pas régner : le souvenir de 1848 est encore trop vif en elle.

Nous verrons plus loin pourquoi la bourgeoisie allemande manifeste une lâcheté aussi remarquable.

Pour le reste, la phrase citée plus haut s'est trouvée entièrement confirmée. Depuis 1850, nous voyons les petits

États, qui ne servent plus que de leviers pour les intrigues prussiennes ou autrichiennes, passer de plus en plus résolument à l'arrière-plan, des luttes toujours plus vives pour l'hégémonie entre l'Autriche et la Prusse, enfin l'explication par la force de 1866, après laquelle l'Autriche conserve ses propres provinces, la Prusse se soumet, directement ou indirectement, tout le Nord, tandis que les trois États du Sud-Ouest sont provisoirement flanqués à la porte [1].

Pour la classe ouvrière allemande tous ces grands événements historiques ne présentent que l'importance suivante :

Premièrement, grâce au suffrage universel, les ouvriers ont obtenu le pouvoir de se faire représenter directement à l'Assemblée législative.

Deuxièmement, la Prusse a donné la première le bon exemple en escamotant trois autres couronnes de droit divin [2]. Même les nationaux-libéraux ne croient plus, *après* cette pratique, que leur pays possède encore la même couronne immaculée de droit divin qu'il s'attribuait auparavant.

---

1 En 1866 fut fondée la Confédération de l'Allemagne du Nord qui groupait autour de la Prusse le Schleswig-Holstein, le Hanovre, la Hesse électorale, le Nassau et Francfort. Par contre la Bavière, le Wurtemberg, le Bade et une partie de la Hesse-Darmstadt restaient en dehors de la Confédération.

2 Allusion à l'annexion par la Prusse du Hanovre, de la Hesse électorale et du duché de Nassau.

Troisièmement, il n'y a plus, en Allemagne, qu'*un* adversaire sérieux de la révolution : le gouvernement prussien.

Et quatrièmement, les Autrichiens-Allemands doivent enfin se demander une bonne fois ce qu'ils veulent être : Allemands ou Autrichiens, à quel parti ils préfèrent appartenir : à l'Allemagne ou à leurs annexes de Transleithanie ? Qu'ils doivent abandonner l'un ou l'autre était évident depuis longtemps, mais la démocratie petite-bourgeoise l'a toujours dissimulé.

En ce qui concerne les autres litiges importants nés de 1866 et discutés depuis jusqu'à satiété entre les « nationaux-libéraux » d'une part et les « populistes » de l'autre, l'histoire des années à venir pourrait bien prouver que ces deux points de vue ne se combattent avec tant de violence que parce qu'ils sont les pôles opposés d'un même esprit borné.

L'année 1866 n'a presque rien changé aux rapports sociaux en Allemagne. Les quelques réformes bourgeoises — système uniforme des poids et mesures, liberté de circuler, liberté professionnelle, etc., tout cela adapté à des limites bureaucratiques — n'atteignent même pas au niveau de ce qui a été conquis, depuis longtemps, par la bourgeoisie d'autres pays de l'Europe occidentale et laissent intact le principal fléau, le système bureaucratique des licences [1]. Du reste, pour le prolétariat, toutes ces lois sur la liberté de circuler, sur le droit de cité, sur la suppression des passeports, etc., sont rendues parfaitement illusoires par les pratiques policières en usage.

Ce qui est bien plus important que les événements historiques de 1866, c'est le développement depuis 1848 en Allemagne de l'industrie et du commerce, des chemins de fer, des télégraphes et de la navigation transatlantique à vapeur. Si loin que soient ces progrès de ceux accomplis dans le même laps de temps en Angleterre et même en France, ils sont cependant inouïs pour l'Allemagne et ont réalisé, au cours de ces vingt années, bien plus que tout un siècle d'une autre période n'a jamais réalisé. Ce n'est qu'à présent que l'Allemagne se trouve vraiment et irrévocablement entraînée dans le *commerce mondial.* Les capitaux des industriels se sont rapidement accrus, la position sociale de la bourgeoisie s'est élevée en conséquence. Le symptôme le plus certain de la prospérité industrielle, la *spéculation,* fleurit abondamment, et enchaîne comtes et ducs à son char triomphal. Le capital allemand — que la terre lui soit légère ! — construit

---

[1] Il était impossible de fonder la moindre entreprise industrielle sans obtenir au préalable une autorisation du gouvernement.

maintenant des chemins de fer russes et roumains, alors qu'il y a à peine quinze ans les chemins de fer allemands mendiaient le concours d'entrepreneurs anglais. Comment est-il donc possible que la bourgeoisie n'ait pas conquis aussi la domination politique, qu'elle se conduise aussi lâchement à l'égard du gouvernement ?

La bourgeoisie allemande a le malheur — selon la manière chérie des Allemands — d'arriver trop tard. Sa prospérité tombe dans une période où la bourgeoisie des autres pays d'Europe occidentale est politiquement à son déclin. En Angleterre elle n'a pu faire entrer son propre représentant, Bright, au gouvernement qu'au prix d'une extension du droit électoral, fait qui, par ses conséquences, mettra nécessairement fin à toute la domination bourgeoise. En France, où la bourgeoisie comme telle, en tant que classe, n'a régné que deux années sous la république, entre 1849 et 1850, elle n'a pu prolonger son existence sociale qu'en cédant sa domination politique à Louis Bonaparte et à l'armée. Et, étant donné l'infini renforcement de l'action réciproque des trois pays européens les plus avancés, il n'est plus possible, aujourd'hui, que la bourgeoisie puisse tranquillement instaurer sa domination politique en Allemagne, alors qu'elle se survit déjà en Angleterre et en France.

Ce qui distingue la bourgeoisie de toutes les classes qui régnèrent jadis, c'est cette particularité que, dans son développement, il y a un tournant à partir duquel tout accroissement de ses moyens de puissance, donc en premier lieu de ses capitaux, ne fait que contribuer à la rendre de plus en plus inapte à la domination politique. « *Derrière les grands bourgeois il y a les prolétaires.* » Dans la mesure même où elle développe son industrie, son commerce et ses moyens de communication, la bourgeoisie engendre le prolétariat. Et, à un certain moment — qui n'est pas nécessairement le même partout et ne se présente pas forcément au même degré de développement — elle commence à s'apercevoir que son double, le prolétariat, devient plus fort qu'elle. À partir de ce moment elle perd la force d'exercer exclusivement sa domination politique ; elle cherche des alliés avec lesquels elle partage son pouvoir ou auxquels elle le cède complètement, selon les circonstances.

En Allemagne, ce tournant a été atteint par la bourgeoisie dès 1848. Et, à ce moment-là, la bourgeoisie allemande prit peur bien plus du prolétariat français que du prolétariat allemand. Les combats de juin 1848 à Paris lui montrèrent ce qui l'attendait. Le prolétariat allemand était juste assez agité pour lui prouver qu'ici aussi la semence était jetée pour la même récolte ; et à partir de ce jour, l'action politique de la bourgeoisie avait perdu son mordant. Elle chercha des alliés, se vendit à eux à n'importe quel prix... et, aujourd'hui encore, elle n'a pas avancé d'un pas.

Ces alliés sont tous de nature réactionnaire : la royauté avec son armée et sa bureaucratie, la grande aristocratie féodale, les petits hobereaux, et même la prêtraille. La bourgeoisie a pactisé et s'est unie avec tout ce monde rien que pour sauver sa précieuse peau, jusqu'à ce qu'il ne lui reste plus rien à vendre. Et plus le prolétariat se développait, plus il commençait à se sentir comme une classe, à agir en tant que classe, et plus les bourgeois devenaient pusillanimes. Lorsque la stratégie prodigieusement mauvaise des Prussiens triompha, à Sadowa, de celle plus prodigieusement mauvaise encore des Autrichiens, il était bien difficile de dire lequel, du bourgeois prussien qui, lui aussi, avait été battu à Sadowa, ou de l'autrichien, respira avec plus de soulagement.

Nos grands bourgeois agissent en 1870 exactement comme les bourgeois moyens en 1525. Quant aux petits bourgeois, aux artisans et aux boutiquiers, ils resteront toujours égaux à eux-mêmes. Ils espèrent s'élever en bluffant au rang de la grande bourgeoisie, ils redoutent d'être précipités dans le prolétariat. Pris entre la peur et l'espoir, ils sauveront leur peau pendant la lutte, et après ils se joindront au vainqueur. C'est leur nature.

L'action politique et sociale du prolétariat est allée du même pas que l'essor industriel depuis 1848. Le rôle que les ouvriers allemands jouent aujourd'hui dans leurs syndicats, coopératives, organisations et réunions politiques, aux élections et au prétendu Reichstag, montre déjà quelle transformation l'Allemagne a subie, insensiblement, ces vingt dernières années. C'est le plus grand honneur des ouvriers allemands d'avoir, eux seuls, réussi à envoyer au Parlement des ouvriers et des représentants des ouvriers, alors que ni les Français, ni les Anglais n'y sont encore parvenus.

Mais le prolétariat n'échappe pas encore, lui non plus, au parallèle avec l'année 1525. La classe réduite exclusivement et pour toute sa vie au salaire est encore bien loin de constituer la majorité du peuple allemand. Elle est donc également réduite à chercher des alliés. Et ceux-ci ne peuvent être cherchés que parmi les petits bourgeois, parmi le *Lumpenproletariat* des villes, parmi les petits paysans et les journaliers agricoles.

Nous avons déjà parlé des *petits bourgeois.* Ils sont très peu sûrs, sauf après la victoire, et alors ils poussent des cris de triomphe assourdissants, dans les bistrots. Cependant il y a parmi eux de très bons éléments qui se joignent spontanément aux ouvriers.

Le *Lumpenproletariat,* cette lie d'individus dévoyés de toutes les classes, qui établit son quartier général dans les grandes villes est, de tous les alliés possibles, le pire. Cette racaille est absolument vénale et importune. Quand les ouvriers français écrivaient sur les maisons, à chaque révolution, l'inscription : « Mort aux voleurs! » et qu'ils en fusillaient même plus d'un, ce n'était certes pas par enthousiasme pour la propriété, mais bien parce qu'ils savaient très justement qu'il fallait avant tout se débarrasser de cette bande. Tout chef ouvrier qui emploie ces vagabonds comme gardes du corps, ou qui s'appuie sur eux, prouve déjà par là qu'il n'est qu'un traître au mouvement.

Les *petits paysans* — car les gros font partie de la bourgeoisie — sont de diverses catégories. On bien ce sont des *paysans féodaux* qui ont encore des corvées à faire pour leur noble maître. Après que la bourgeoisie a manqué à son devoir de libérer ces gens du servage, il ne sera pas difficile de les persuader qu'ils ne peuvent plus attendre leur libération que de la classe ouvrière.

Ou bien ce sont des *métayers.* Dans ce cas existe en général la même situation qu'en Irlande. Le fermage est si élevé que lorsque la récolte est moyenne, le paysan avec sa famille peut tout juste subsister, et lorsqu'elle est mauvaise il meurt presque de faim, n'est pas en état de payer le fermage et devient de ce fait totalement dépendant de la faveur du propriétaire foncier. Pour ces sortes de gens la bourgeoisie ne fait quelque chose que lorsqu'elle y est contrainte. De qui peuvent-ils donc attendre leur salut si ce n'est des ouvriers ?

Restent les paysans qui cultivent leur *propre lopin de terre.* Ceux-ci sont, le plus souvent, tellement grevés d'hypothèques qu'ils dépendent de l'usurier tout autant que le métayer du propriétaire foncier. À eux aussi il ne reste qu'un misérable salaire, et de plus tout à fait incertain, car il dépend de la bonne ou de la mauvaise récolte. Ce sont eux qui peuvent encore le moins attendre de la bourgeoisie, car ils sont précisément pressurés par les bourgeois, les capitalistes usuriers. Cependant ils sont le plus souvent très attachés à leur propriété, quoique en réalité elle ne leur appartienne pas à eux, mais à l'usurier. On peut néanmoins les persuader qu'ils ne seront délivrés de l'usurier que lorsqu'un gouvernement dépendant du peuple transformera toutes les dettes hypothécaires en une dette unique due à l'État, et abaissera ainsi le taux de l'intérêt. Et cela, seule la classe ouvrière peut le réaliser.

Partout où dominent la grande et la moyenne propriété, les journaliers agricoles constituent la classe la plus nombreuse dans les campagnes. C'est le cas dans toute l'Allemagne du Nord et de l'Est et c'est là que les ouvriers industriels de la ville trouvent leurs alliés naturels les plus nombreux. Tout comme le capitaliste s'oppose à l'ouvrier d'industrie, le propriétaire foncier ou le gros fermier s'oppose au journalier agricole. Les mêmes mesures qui aident l'un doivent aider l'autre aussi. Les ouvriers industriels ne peuvent s'affranchir qu'en transformant le capital des bourgeois, c'est-à-dire les matières premières, les machines et les outils, les vivres nécessaires à la production, en propriété de la société, c'est-à-dire en leur propriété utilisée par eux en commun. De même les ouvriers agricoles ne peuvent être délivrés de leur terrible misère que si, avant tout, le principal objet de leur travail, la terre, est arrachée à la propriété privée des gros paysans et des seigneurs féodaux plus gros encore, transformée en propriété sociale et cultivée pour leur compte collectif par des coopératives d'ouvriers agricoles. Et ici nous en arrivons à la célèbre résolution du

Congrès ouvrier international de Bâle [1] : la société a intérêt à transformer la propriété foncière en propriété collective, nationale. Cette résolution concernait surtout les pays où existe la grande propriété foncière et l'exploitation de vastes domaines, et sur ces grands domaines un seul maître et beaucoup de journaliers. Or cette situation prédomine toujours dans l'ensemble en Allemagne, et c'est pourquoi la résolution en question était particulièrement opportune pour ce pays après l'Angleterre. Le prolétariat des champs, les salariés agricoles constituent la classe où se recrutent, dans leur grande masse, les armées des souverains. C'est la classe qui, en vertu du suffrage universel, envoie maintenant au Parlement toute cette foule de féodaux et de hobereaux ; mais c'est aussi la classe qui est la plus proche des ouvriers industriels des villes, qui partage avec eux les mêmes conditions d'existence, qui est dans une misère plus profonde même que la leur. Cette classe est impuissante parce qu'elle est émiettée et dispersée ; mais le gouvernement et l'aristocratie en connaissent si bien la force cachée, qu'ils laissent à dessein dépérir les écoles afin qu'elle reste ignorante. La tâche la plus urgente et la première du mouvement ouvrier allemand est de rendre cette classe vivante et de l'entraîner dans le mouvement. Le jour où la masse des ouvriers agricoles aura compris ses propres intérêts, un gouvernement réac-

---

[1] IVe Congrès de l'Association ouvrière internationale (1869).

tionnaire, féodal, bureaucratique ou bourgeois sera impossible en Allemagne.

II

Les ligues qui précèdent ont été écrites il y a plus de quatre ans ; elles conservent aujourd'hui encore toute leur valeur. Ce qui était vrai après Sadowa et le partage de l'Allemagne se trouve confirmé après Sedan et la fondation du Saint-Empire allemand prussien [1]. Si infimes sont les changements que peuvent imprimer à la direction du mouvement historique, les événements « ébranlant le monde » de ce qu'on appelle la grande politique !

Ce que ces événements historiques peuvent par contre, c'est accélérer la rapidité de ce mouvement. Et, à cet égard les auteurs des « événements ébranlant le monde » ci-dessus ont eu involontairement des succès qu'ils n'ont certainement pas souhaités le moins du monde, mais auxquels, bon gré mal gré, ils sont obligés de se résigner.

La guerre de 1866 avait déjà ébranlé la vieille Prusse dans ses fondements. Il en avait déjà coûté beaucoup de peine pour ramener à la vieille discipline, après 1848, les éléments industriels rebelles — bourgeois aussi bien que prolétaires — des provinces occidentales ; cependant on y était arrivé, et de nouveau les intérêts des hobereaux des provinces orientales et ceux de l'armée prédominaient dans l'État. En 1866, presque toute l'Allemagne du Nord-Ouest devint prussienne. Abstraction faite du tort moral irréparable que la couronne prussienne de droit divin s'était fait en engloutissant trois autres couronnes de droit divin, le centre de gravité de la monarchie se déplaça alors considérablement vers l'Ouest. Les cinq millions de Rhénans et de Westphaliens furent renforcés tout d'abord directement par les 4 millions, puis, indirectement, par les 6 millions d'Allemands annexés par la Confédération de l'Allemagne du Nord. Et, en 1870, s'y ajoutèrent encore les 8 millions d'Allemands du Sud-Ouest [2], de sorte que désormais, dans le « nouvel empire », aux 14 millions et demi de vieux Prussiens (des six provinces à l'Est de l'Elbe parmi lesquels il y avait en outre 2 millions de Polonais), s'opposaient les 25 millions qui avaient depuis longtemps échappé au féodalisme prussien endurci des hobereaux. Ainsi ce sont justement les victoires de l'armée prussienne qui déplacèrent toute la base de l'édifice de l'État

[1] Pastiche humoristique de l'ancienne dénomination : Saint-Empire romain germanique.

[2] À la suite des victoires remportées au début de la guerre de 1870, le Bade, la Hesse, la Bavière et le Wurtemberg se joignirent à la Confédération de l'Allemagne du Nord qui, à partir du 15 novembre,

prussien ; la domination des hobereaux devint de plus en plus intolérable même au gouvernement. Mais, en même temps, le développement industriel extrêmement rapide avait remplacé la lutte entre hobereaux et bourgeois par la lutte entre bourgeois et ouvriers, de sorte qu'à l'intérieur aussi les bases sociales du vieil État ont subi un bouleversement total. La monarchie, qui se décomposait lentement depuis 1840, avait eu pour condition fondamentale d'existence la lutte entre l'aristocratie et la bourgeoisie, lutte dans laquelle elle maintenait l'équilibre ; à partir du moment où il importait de protéger, non plus l'aristocratie contre la pression de la bourgeoisie, mais toutes les classes possédantes contre la pression de la classe ouvrière, la vieille monarchie absolue dut passer entièrement à la forme d'État spécialement élaborée à cette fin : la *monarchie bonapartiste.* J'ai analysé ailleurs (*La Question du logement,* 2e fasc., pp. 26 et suiv.) ce passage de la Prusse au bonapartisme [1]. Ce que je n'avais pas à faire ressortir là, mais qui est essentiel ici, c'est que ce passage fut le plus grand pas en avant que la Prusse eût fait depuis 1848, tant la Prusse était restée en arrière du développement moderne. C'était encore un État mi-féodal, tandis que le bonapartisme est, en tout cas, une forme moderne d'État qui suppose l'abolition du féodalisme. La Prusse doit

s'appela Confédération allemande. Cette appellation fut transformée le 9 décembre en celle d'Empire allemand, lequel fut proclamé le 18 janvier 1871 à Versailles.

donc se décider à en finir avec ses nombreux restes de féodalité, à sacrifier ses hobereaux comme tels. Naturellement, cela s'accomplit sous les formes les plus atténuées et selon le proverbe : « Qui va doucement, va sûrement. » Il en fut ainsi, par exemple, pour la fameuse organisation des cercles [2]. On supprime les privilèges féodaux du hobereau individuel sur sa terre, mais c'est pour les rétablir comme privilèges de l'ensemble des grands propriétaires fonciers sur tout le cercle. La chose subsiste, seulement on la traduit du dialecte féodal dans l'idiome bourgeois. On transforme d'office le hobereau de type prussien endurci en quelque chose comme un squire anglais ; et il n'a pas tellement eu besoin de regimber, car l'un est aussi sot que l'autre.

C'est ainsi donc que l'étrange destinée de la Prusse voulut qu'elle achevât vers la fin de ce siècle, sous la forme agréable du bonapartisme, sa révolution bourgeoise qu'elle avait commencée en 1808-1813 et continuée quelque peu en 1848. Et si tout va bien, si le monde reste bien gentiment tranquille et si nous devenons tous assez vieux, nous pourrons peut-être voir, en 1900, que le gouvernement de Prusse a vraiment supprimé toutes les institutions féodales, que la

---

1 *La Question du logement*, Éditions sociales, Paris, 1969, pp. 75-76.

2 L'ordonnance sur l'organisation des cercles du 13 décembre 1872 était une réforme administrative qui tendait à mettre fin au régime féodal au niveau des cantons. En réalité ce sont les anciens titulaires des fonctions administratives qui occupèrent les nouveaux postes.

Prusse en est arrivée enfin au point où en était la France en 1792.

L'abolition du féodalisme, si nous voulons nous exprimer positivement, signifie l'instauration du régime bourgeois. Au fur et à mesure que les privilèges aristocratiques tombent, la législation devient bourgeoise. Et ici nous nous trouvons au cœur même des rapports de la bourgeoisie allemande avec le gouvernement. Nous avons vu que le gouvernement est contraint d'introduire ces lentes et mesquines réformes. Mais à la bourgeoisie il présente chacune de ces petites concessions comme un *sacrifice* fait aux bourgeois, comme une concession arrachée à grand-peine à la couronne, concession en échange de laquelle les bourgeois devraient à leur tour accorder quelque chose au gouvernement. Et les bourgeois, quoique sachant assez bien à quoi s'en tenir là-dessus, acceptent la duperie. D'où cette convention tacite qui à Berlin est la base implicite de tous les débats au Reichstag et à la Chambre : d'une part le gouvernement, à une allure d'escargot, réforme les lois dans le sens des intérêts de la bourgeoisie, écarte les obstacles créés au développement de l'industrie par la féodalité et le particularisme des petits États, unifie monnaies, poids et mesures, introduit la liberté professionnelle, met avec la liberté de circulation à la disposition complète et illimitée du capital la main-d'œuvre de l'Allemagne, favorise le commerce et la spéculation ; d'autre part, la bourgeoisie abandonne au gouvernement tout le pouvoir politique réel, vote les impôts et les emprunts, lui accorde les soldats et l'aide à donner aux nouvelles réformes une forme légale telle que le vieux pouvoir policier à l'égard des personnes mal vues du gouvernement reste intact. La bourgeoisie achète son émancipation sociale graduelle au prix d'une renonciation immédiate à son propre pouvoir politique. Naturellement, le principal motif qui rend un tel accord acceptable pour la bourgeoisie n'est pas la peur du gouvernement, mais celle du prolétariat.

Cependant, si lamentable que soit le comportement de notre bourgeoisie dans le domaine politique, il est indéniable que, sur le plan industriel et commercial, elle fait enfin son devoir. L'essor de l'industrie et du commerce, que nous avons signalé dans l'introduction à la deuxième édition du présent ouvrage [1], s'est développé, depuis, avec bien plus de force encore. Ce qui s'est produit à cet égard, depuis 1868, dans la région industrielle rhéno-westphalienne, est vraiment inouï pour l'Allemagne et rappelle l'essor des districts usiniers anglais au début de ce siècle. Et il en aura été de même en Saxe et en Haute-Silésie, à Berlin, à Hanovre et dans les villes maritimes. Nous avons enfin un commerce mondial, une vraie grande industrie, une vraie bourgeoisie moderne ; en revanche, nous avons également connu un véritable krach [2] et nous avons aussi gagné un prolétariat véritable et puissant.

Pour l'historien de l'avenir le grondement des canons de Spickeren, Mars-la-Tour et Sedan, et tout ce qui s'ensuit aura bien moins d'importance dans l'histoire de l'Allemagne de 1869-1874 que le développement discret, calme, mais ininterrompu du prolétariat allemand. Dès 1870, les ouvriers allemands durent affronter une rude épreuve : la provocation bonapartiste à la guerre et son effet naturel, l'enthousiasme national général en Allemagne. Les ouvriers socialistes allemands ne se laissèrent pas égarer un instant. Ils ne manifestèrent pas la moindre trace de chauvinisme national. Au milieu de l'ivresse de victoire la plus déchaînée, ils restèrent froids, exigèrent « une paix équitable avec la République française et sans annexions [3] ; et même l'état de siège ne put les réduire au silence. Ils ne se laissèrent toucher ni par la gloire des combats, ni par les bavardages sur la « magnificence de l'empire » allemand ; leur seul but resta l'affranchissement de tout le prolétariat européen. On peut

---

1 Cf. ci-dessus.
2 La crise économique de 1873.
3 Mot d'ordre qui apparaît dès le 21 septembre 1870 dans le *Volksstaat*, organe dirigé par W. Liebknecht du Parti ouvrier social-démocrate, fondé en 1869, dit d'Eisenach.

bien le dire : les ouvriers d'aucun autre pays n'ont été, jusqu'à présent, soumis à une épreuve aussi lourde, aussi brillamment subie.

L'état de siège du temps de guerre fut suivi des procès de Haute trahison, de lèse-majesté et d'offense aux fonctionnaires, des tracasseries policières sans cesse aggravées du temps de paix. Le *Volksstaat* avait, en règle générale, trois à quatre rédacteurs simultanément en prison, les autres journaux à l'avenant. Tout orateur du Parti quelque peu connu devait, au moins une fois par an, comparaître devant les tribunaux où il était presque régulièrement condamné. Les uns après les autres, bannissements, confiscations, dispersions des réunions, tombaient comme grêle ; mais tout cela en vain. Chaque militant arrêté ou expulsé était aussitôt remplacé par un autre ; pour chaque réunion dissoute on en convoquait deux autres ; d'un lieu à l'autre, on lassa l'arbitraire policier par la persévérance et par la stricte observation des lois. Toutes les persécutions produisirent le contraire du but poursuivi ; loin de briser ou seulement de faire plier le parti ouvrier, elles lui amenèrent au contraire, sans cesse, de nouvelles recrues et renforcèrent son organisation. Dans leur lutte contre les autorités, comme contre les bourgeois individuellement, les ouvriers se montrèrent partout, intellectuellement et moralement, supérieurs à eux et prouvèrent, surtout dans leurs conflits avec les « employeurs », que ce sont eux, les ouvriers, qui sont à présent des hommes cultivés tandis que les capitalistes sont des lourdauds. Et, avec cela, ils mènent leurs luttes avec un humour qui prouve combien ils sont sûrs de leur cause et conscients de leur supériorité. Une lutte ainsi conduite, sur un terrain historiquement préparé, doit donner de grands résultats. Les succès obtenus aux élections de janvier [1] restent uniques jusqu'à présent dans l'histoire du mouvement ouvrier moderne et la stupéfaction qu'ils suscitèrent dans toute l'Europe était parfaitement justifiée.

Les ouvriers allemands ont, sur ceux du reste de l'Europe, deux avantages essentiels. Premièrement, ils appartiennent au peuple le plus théoricien de l'Europe et ils ont conservé le sens théorique qui a si complètement disparu chez ceux qu'on appelle les gens « cultivés » en Allemagne. S'il n'y avait pas eu précédemment la philosophie allemande, en particulier celle de Hegel, le socialisme scientifique allemand — le seul socialisme scientifique qui ait jamais existé — n'eût jamais été fondé. Sans le sens théorique parmi les ouvriers, ce socialisme scientifique ne se serait jamais aussi profondément ancré en eux. Et ce qui prouve quel avantage infini

[1] Aux élections au Reichstag du 10 janvier 1874, les socialistes d'Allemagne obtinrent 352 000 voix et 9 élus dont Bebel et Liebknecht qui étaient en prison.

c'est là, c'est d'une part l'indifférence à l'égard de toute théorie, une des causes principales du peu de progrès du mouvement ouvrier anglais, malgré l'excellente organisation des divers syndicats, et d'autre part le désordre et la confusion provoqués par le proudhonisme dans sa forme initiale chez les Français et les Belges, dans sa forme caricaturée dans la suite par Bakounine chez les Espagnols et les Italiens.

Le second avantage c'est que chronologiquement les Allemands sont venus dans le mouvement ouvrier à peu près les derniers. De même que le socialisme allemand théorique n'oubliera jamais qu'il s'est élevé sur les épaules de Saint-Simon, de Fourier et d'Owen, trois hommes qui, malgré toutes leurs idées chimériques et leurs vues utopiques, comptent parmi les plus grands cerveaux de tous les temps et ont anticipé génialement d'innombrables choses dont nous démontrons à présent scientifiquement la justesse — de même le mouvement ouvrier allemand pratique ne doit jamais oublier qu'il s'est développé sur les épaules du mouvement anglais et français, qu'il a pu simplement profiter de leurs expériences chèrement acquises et éviter maintenant leurs erreurs, alors inévitables pour la plupart. Sans le passé des trade-unions anglaises et des luttes politiques ouvrières françaises, sans l'impulsion gigantesque donnée particulièrement par la Commune de Paris, où en serions-nous aujourd'hui ?

Il faut reconnaître que les ouvriers allemands ont su profiter des avantages de leur situation avec une rare intelligence. Pour la première fois, depuis qu'il existe un mouvement ouvrier, la lutte est menée dans ses trois directions — théorique, politique et économique pratique (résistance contre les capitalistes) — avec harmonie, cohésion, et méthode. C'est dans cette attaque concentrique, pour ainsi dire, qu'est la force invincible du mouvement allemand.

D'une part, en raison de leur position avantageuse, de l'autre, par suite des particularités insulaires du mouvement anglais et de la violente répression du mouvement français, les ouvriers allemands sont pour le moment placés à l'avant-garde de la lutte prolétarienne. On ne saurait prédire combien de temps les événements leur laisseront ce poste d'honneur. Mais tant qu'ils l'occuperont, ils rempliront leur devoir comme il convient, il faut l'espérer. Pour cela ils devront redoubler d'efforts dans tous les domaines de la lutte et de l'agitation. Ce sera en particulier le devoir des chefs de s'éclairer de plus en plus sur toutes les questions théoriques, de se libérer de plus en plus de l'influence de la phraséologie reçue, qui appartient à la conception du monde du passé et de ne jamais oublier que le socialisme, depuis qu'il est devenu une science, veut être pratiqué comme une science, c'est-à-dire étudié. Il importera donc de répandre avec un zèle accru parmi les masses ouvrières, la compréhension ainsi acquise et de plus en plus claire et de consolider de plus en plus l'organisation du Parti et celle des syndicats. Quoique les voix socialistes exprimées en janvier représentent déjà une assez belle armée, elles sont bien loin encore de constituer la majorité de la classe ouvrière allemande ; et, si encourageants que soient les succès de la propagande parmi la population rurale, il reste encore infiniment à faire précisément sur ce terrain. Il ne s'agit donc pas de relâcher le combat ; il faut, au contraire, arracher à l'ennemi une ville, une circonscription électorale après l'autre ; mais, avant tout, il s'agit de maintenir le véritable esprit international qui n'admet aucun chauvinisme patriotique et qui salue avec joie tout nouveau progrès du mouvement prolétarien, de quelque nation qu'il provienne. Si les ouvriers allemands continuent à agir ainsi, je ne dis pas qu'ils marcheront à la tête du mouvement — il n'est pas dans l'intérêt du mouvement que les ouvriers d'une seule nation quelconque marchent à sa tête — mais ils occuperont une place honorable sur la ligne de combat ; et ils seront armés et prêts, lorsque des épreuves d'une dureté inattendue ou bien de grands événements exigeront d'eux encore plus de courage, de décision et d'énergie.

Londres, 1er juillet 1874.

Friedrich ENGELS

LA GUERRE DES PAYSANS EN ALLEMAGNE

Le peuple allemand a, lui aussi, ses traditions révolutionnaires. Il fut un temps où l'Allemagne a produit des hommes qu'on peut comparer aux meilleurs révolutionnaires des autres pays, où le peuple allemand fit preuve d'une endurance et d'une énergie qui, dans une nation centralisée, eussent donné les résultats les plus grandioses, où les paysans et les plébéiens allemands caressèrent des idées et des projets devant lesquels leurs descendants frémissent assez souvent d'horreur aujourd'hui encore.

Le moment est venu, en face du relâchement actuel qui se manifeste presque partout après deux années de luttes, de présenter à nouveau au peuple allemand les figures rudes, mais vigoureuses et tenaces de la grande Guerre des paysans. Trois siècles se sont écoulés depuis, et bien des choses ont changé. Et cependant, la Guerre des paysans n'est pas si loin de nos luttes d'aujourd'hui, et les adversaires sont en grande partie restés les mêmes qu'autrefois. Les classes et fractions de classes qui ont trahi partout en 1848 et 1849, nous les retrouvons, dans le même rôle de traîtres, déjà en 1525, quoique à une étape inférieure de développement. Et si le robuste vandalisme de la Guerre des paysans ne s'est dans le mouvement des dernières années manifesté que par endroits, dans l'Odenwald, dans la Forêt-Noire, en Silésie, cela ne constitue pas en tout cas un privilège de l'insurrection moderne.

I

[LA SITUATION ÉCONOMIQUE ET LA STRUCTURE SOCIALE DE L'ALLEMAGNE]

Jetons tout d'abord un rapide coup d'œil sur la situation de l'Allemagne au début du XVIe siècle.

L'industrie allemande avait connu, au cours des XIVe et XVe siècles, un essor considérable. À l'industrie locale, rurale et féodale s'était substituée l'industrie corporative des villes, produisant pour un marché élargi, et même pour des marchés assez lointains. Le tissage de lainages grossiers et de la toile était devenu une industrie permanente et très répandue. On fabriquait même déjà, à Augsbourg, des tissus de laine assez fins ainsi que des soieries. À côté du tissage, s'était développée en particulier cette industrie proche de l'art, qui trouvait un aliment dans le luxe ecclésiastique et séculier de la fin du moyen âge : celle des joailliers, des statuaires, des sculpteurs, des graveurs sur cuivre et sur bois, des armuriers, des médailleurs, des tourneurs, etc. Toute une série d'inventions plus ou moins importantes, dont historiquement les apogées sont celles de la poudre [1] et de l'imprimerie, avaient contribué considérablement au développement de l'industrie. Le commerce se développait au même pas que l'industrie. Grâce à son monopole séculaire de la mer, la Hanse avait assuré l'élévation de toute l'Allemagne du Nord au-dessus de la barbarie moyenâgeuse. Et, quoiqu'elle commençât, à partir de la fin du XVe siècle, à succomber rapidement à la concurrence des Anglais et des Hollandais, la grande voie commerciale de l'Inde vers le Nord continuait, malgré les découvertes de Vasco de Gama, à passer par l'Allemagne. Augsbourg était toujours le grand entrepôt des soieries italiennes, des épices de l'Inde et de tous les produits du Levant. Les villes de la Haute-Allemagne, surtout Augsbourg et Nuremberg, étaient le centre d'une richesse et d'un luxe considérables pour l'époque. La production des matières premières s'était, de même, considérablement déve-

[1] Il est prouvé maintenant, sans doute possible, que la poudre à canon fut apportée de la Chine aux Arabes en passant par l'Inde et que c'est d'eux qu'elle vint en Europe, avec les armes à feu, par la voie

loppée. Les mineurs allemands étaient au XVe siècle les plus adroits du monde, et d'autre part, l'épanouissement des villes avait arraché même l'agriculture à la barbarie du moyen âge. Non seulement on avait défriché des surfaces immenses, mais on cultivait des plantes tinctoriales et d'autres plantes importées de l'étranger, dont la culture qui demandait plus de soins exerça, en général, une influence favorable sur l'agriculture.

Malgré tout, l'essor de la production nationale de l'Allemagne était resté inférieur à celui de la production des autres pays. L'agriculture était très en retard sur celle de l'Angleterre et des Pays-Bas ; l'industrie sur celle de l'Italie, des Flandres et de l'Angleterre et, dans le domaine du commerce maritime, les Anglais, et en particulier les Hollandais, commençaient déjà à évincer les Allemands. La population était encore très disséminée. La civilisation en Allemagne n'existait qu'à l'état sporadique, groupée autour de centres industriels et commerciaux isolés. Les intérêts de ces divers centres divergeaient eux-mêmes considérablement, et c'est à peine s'ils avaient, çà et là, un point de contact. Le Sud avait de tout autres liaisons commerciales et de tout autres débouchés que le Nord. L'Est et l'Ouest étaient presque à l'écart de toute circulation. Aucune ville n'eut

---

de l'Espagne (*Note d'Engels*).

l'occasion de devenir le centre industriel et commercial de tout le pays, comme Londres, par exemple, l'était déjà pour l'Angleterre. Les communications intérieures se limitaient presque exclusivement à la navigation côtière et fluviale et aux quelques grandes voies commerciales, menant d'Augsbourg et de Nuremberg, par Cologne aux Pays-Bas, et par Erfurt vers le Nord. Loin des fleuves et des routes commerciales, se trouvaient un certain nombre de petites villes qui, à l'écart des grandes voies de communication, continuaient à végéter tranquillement dans les conditions d'existence de la fin du moyen âge, ne consommant que très peu de produits étrangers et ne fournissant qu'une petite quantité de produits d'exportation. Dans la population rurale, seule la noblesse était en contact avec des cercles plus larges et des besoins nouveaux. Quant aux paysans, dans leur grande masse, ils ne dépassèrent jamais le cadre des relations de voisinage et de leur étroit horizon local.

Tandis qu'en Angleterre et en France le développement du commerce et de l'industrie entraînait une étroite connexion des intérêts dans tout le pays et, par suite, la centralisation politique, l'Allemagne ne parvenait qu'à grouper les intérêts par provinces, autour de centres purement locaux, qu'au morcellement politique, morcellement qui devint peu après immuable, lorsque l'Allemagne fut exclue du commerce mondial. Au fur et à mesure de la désagrégation de l'Empire *purement féodal*, l'union même que constituait l'Empire se désagrégea, les grands vassaux de l'Empire se transformèrent en princes à peu près indépendants, et les villes impériales d'une part et les chevaliers d'Empire d'autre part s'unirent tantôt les uns contre les autres, tantôt contre les princes ou contre l'empereur. Le pouvoir impérial, ne sachant plus que penser de sa propre situation, ballottait entre les différents éléments qui composaient l'Empire et perdait de plus en plus de son autorité. Sa tentative de centralisation à la Louis XI ne réussit malgré toutes les intrigues et toutes les violences, qu'à maintenir la cohésion des terres autrichiennes héréditaires. Ceux qui tirèrent et devaient finalement tirer profit de ce désordre général, de cet enchevêtrement de conflits innombrables, ce furent les représentants de la centralisation à l'intérieur du morcellement, les représentants de la centralisation locale et provinciale, les *princes*, à côté desquels l'empereur lui-même devint de plus en plus un prince comme les autres.

Dans ces conditions, la situation des classes héritées du moyen âge s'était modifiée fondamentalement, et de nouvelles classes s'étaient constituées à côté des anciennes.

Les *princes* étaient issus de la haute noblesse. Ils étaient déjà à peu près complètement indépendants de l'empereur, et en possession de la plupart des droits souverains. Ils faisaient la guerre et la paix de leur propre chef, entretenaient des armées permanentes, convoquaient des diètes et imposaient des contributions. Ils avaient déjà soumis à leur autorité une grande partie de la petite noblesse et des villes. Ils employaient constamment tous les moyens en leur pouvoir pour annexer à leurs territoires le reste des villes et des baronnies non médiatisées. Par rapport à celles-ci, ils faisaient œuvre de centralisation, comme ils faisaient œuvre de décentralisation par rapport au pouvoir d'Empire. À l'intérieur, leur gouvernement était déjà très arbitraire. La plupart du temps ils ne convoquaient les états que lorsqu'ils ne pouvaient pas se tirer d'affaire autrement. Ils décrétaient des impôts et des emprunts selon leur bon plaisir. Le droit pour les états de voter l'impôt était rarement reconnu et plus rarement encore exercé. Et même alors, le prince avait ordinairement la majorité, grâce aux deux états qui n'étaient pas soumis à l'impôt, mais qui en profitaient, la chevalerie et le clergé. Le besoin d'argent des princes augmentait avec le luxe et le train grandissant de leur Cour, avec la constitution des armées permanentes et les dépenses croissantes du gouvernement. Les impôts devinrent de plus en plus lourds. Les villes en étaient, la plupart du temps, garanties par leurs privilèges. Tout le poids en retombait sur les paysans, tant sur ceux des domaines du prince que sur les serfs, les corvéables et les tenanciers des chevaliers vassaux. Quand les impôts directs ne suffisaient pas, on faisait appel aux impôts indirects. Les manœuvres les plus raffinées de l'art financier étaient employées pour combler les trous du fisc. Quand tout cela ne suffisait pas encore, quand on ne pouvait plus rien mettre en gage, et qu'aucune ville libre impériale ne voulait plus donner de crédit, on recourait aux pires des opérations frauduleuses, on frappait de la monnaie frelatée, on établissait des cours forcés, hauts ou bas, selon que cela convenait au fisc. Le commerce des privilèges citadins ou autres, qu'on reprenait ensuite de force pour les revendre au prix fort, l'exploitation de toute tentative d'opposition comme prétexte à toute sorte de rançons et de pillages, etc., étaient également, à cette époque, des sources de revenus fructueuses et quotidiennes pour les princes. Enfin, la justice était également pour eux un article de commerce permanent et non négligeable. Bref, les sujets de cette époque, qui avaient, en outre, à satisfaire la cupidité des baillis et autres fonctionnaires du prince, jouissaient pleinement des bienfaits du système « paternel » de gouvernement.

La noblesse moyenne avait presque complètement disparu de la hiérarchie féodale du moyen âge. Une partie de ses membres étaient devenus de petits princes indépendants ; les autres étaient tombés dans les rangs de la petite noblesse. *Celle-ci, les chevaliers*, allait rapidement à sa ruine. Une grande partie était déjà complètement réduite à la misère et vivait seulement du service des princes, dans des emplois militaires ou civils. Une autre était dans la vassalité et dans la dépendance des princes. La minorité était dans la dépendance directe de l'Empire. Le développement de la technique militaire, le rôle croissant de l'infanterie, le progrès des armes à feu diminuèrent de plus en plus son importance militaire en tant que cavalerie lourde et mirent fin en même temps à l'inexpugnabilité de ses châteaux forts. Tout comme celle des artisans de Nuremberg, l'existence des chevaliers fut rendue superflue par les progrès de l'industrie. Leurs besoins d'argent contribuèrent considérablement à leur ruine. Le luxe déployé dans les châteaux, la splendeur dont on rivalisait dans les tournois et les fêtes, le prix des armes et des chevaux, augmentèrent avec les progrès du développement social, alors que les sources de revenus des chevaliers et des barons n'augmentaient que très peu, ou même pas du tout. Les guerres privées, avec leurs inévitables pillages et rançons, le brigandage de grands chemins et autres nobles occupations de ce genre devinrent, avec le temps, par trop dangereux. Les redevances et les prestations des sujets rapportaient à peine plus qu'autrefois.

Pour subvenir à leurs besoins croissants, les seigneurs durent recourir aux mêmes moyens que les princes. L'exploitation des paysans par la noblesse s'aggrava d'année en année. Les serfs furent pressurés jusqu'à la dernière limite, les corvéables chargés, sous toutes sortes de prétextes et d'étiquettes, de nouvelles taxes et prestations. Les corvées, cens, redevances, droits de tenure, mainmorte, droit d'aubaine, etc., furent augmentés arbitrairement, en violation de tous les anciens contrats. On refusait de rendre la justice ou bien on la vendait, et quand le chevalier ne trouvait plus aucun prétexte pour tirer de l'argent du paysan, il le jetait en prison sans autre forme de procès, et l'obligeait à racheter sa liberté.

Avec les autres ordres, la petite noblesse ne vivait pas non plus en bonne intelligence. La noblesse vassale s'efforçait de devenir noblesse d'Empire. Celle-ci, à son tour, cherchait à conserver son indépendance. D'où des différends continuels avec les princes. Les chevaliers enviaient le clergé, qui, bouffi d'orgueil comme il l'était alors, leur apparaissait comme un ordre superflu, ses grands domaines et ses immenses richesses indivisibles grâce au célibat et à la constitution de l'Église. Avec les villes, ils étaient sans cesse aux prises. Ils leur devaient de l'argent, vivaient du pillage de leur territoire, du détroussement ; de leurs marchands et de la rançon de leurs citoyens faits prisonniers au cours des guerres. Et la lutte de la chevalerie contre tous ces ordres se faisait d'autant plus violente que pour elle aussi la question d'argent devenait davantage une question vitale.

Le *clergé,* représentant de l'idéologie féodale du moyen âge, ne se ressentait pas moins du bouleversement historique. L'invention de l'imprimerie et l'extension des besoins du commerce lui avaient enlevé le monopole, non seulement de la lecture et de l'écriture, mais aussi de la culture supérieure. La division du travail fit son apparition également dans le domaine intellectuel. Le clergé se vit évincer par la nouvelle caste des juristes de toute une série de postes extrêmement influents. Lui aussi, il commença à devenir en grande partie superflu, ce qu'il confirmait d'ailleurs lui-même par sa paresse et son ignorance sans cesse croissantes. Mais plus il devenait superflu, plus il devenait nombreux — grâce à ses énormes richesses qu'il augmentait encore constamment par tous les moyens possibles.

Le clergé se divisait lui-même en deux classes tout à fait distinctes. La hiérarchie ecclésiastique féodale constituait la classe *aristocratique* : les évêques et les archevêques, les abbés, les prieurs et autres prélats. Ces hauts dignitaires de l'Église étaient ou des princes d'Empire eux-mêmes, ou des seigneurs féodaux dominant, sous la suzeraineté d'autres princes, de vastes territoires avec de nombreux serfs et corvéables. Non seulement ils exploitaient leurs sujets aussi impitoyablement que la noblesse et les princes, mais ils s'y prenaient d'une façon plus cynique encore. Outre la violence directe, ils employaient toutes les chicaneries de la religion ; outre les horreurs de la torture, toutes les horreurs de l'excommunication et du refus de l'absolution, toutes les intrigues du confessionnal pour arracher à leurs sujets leur dernier liard ou augmenter le patrimoine de l'Église. La falsification de documents était pour ces dignes hommes un moyen courant et familier d'extorsion. Mais quoique, outre les prestations et les taxes féodales ordinaires, ils touchassent également la dîme, tous ces revenus ne leur suffisaient pas encore. Pour soutirer encore plus d'argent au peuple, ils eurent recours à la confection d'images saintes et de reliques miraculeuses, à l'organisation de lieux de prière qui procuraient le salut, au trafic des indulgences, et cela pendant longtemps avec le plus grand succès.

Ce sont ces prélats et leur nombreuse gendarmerie de moines, constamment renforcée à mesure que se répandent les tracasseries politiques et religieuses, sur qui se concentra la haine des curés, non seulement dans le peuple, mais aussi dans la noblesse. Dans la mesure où ils dépendaient directement de l'Empire, ils constituaient un obstacle pour les princes. Le train de vie joyeux des évêques et des abbés ventripotents et de leur armée de moines provoquait la jalousie de la noblesse et indignait d'autant plus le peuple qui devait en supporter les frais, qu'il était en contradiction plus criante avec leurs sermons.

La fraction *plébéienne* du clergé se composait des curés des villages et des villes. Ils étaient en dehors de la hiérarchie féodale de l'Église, et ne participaient en aucune façon à ses richesses. Leur travail était moins contrôlé, et quelque important qu'il fût pour l'Église, bien moins indispensable pour le moment que ne l'étaient les services policiers des moines encasernés. C'est pourquoi ils étaient beaucoup plus mal payés et leurs prébendes étaient la plupart du temps très minces. D'origine bourgeoise ou plébéienne, ils étaient assez près de la situation matérielle de la masse pour conserver, malgré leur état de prêtres, des sympathies bourgeoises et plébéiennes. La participation aux mouvements de l'époque, qui n'était qu'exception chez les moines, était de règle chez eux. Ils fournirent les théoriciens et les idéologues du mouvement, et un grand nombre d'entre eux, représentants des plébéiens et des paysans, moururent pour ce fait sur l'échafaud. Aussi la haine du peuple contre les prêtres ne se tourne-t-elle que rarement contre eux.

De même qu'au-dessus des princes et de la noblesse se trouvait l'empereur, de même au-dessus du haut et du bas clergé se trouvait le *pape.* De même que l'empereur recevait le « centime ordinaire », les taxes d'Empire, de même le pape prélevait des taxes ecclésiastiques générales, à l'aide desquelles il subvenait au luxe de la Cour de Rome. En aucun pays, ces impôts d'Église n'étaient perçus — grâce à la puissance et au nombre des prêtres — plus consciencieusement et plus strictement qu'en Allemagne. C'était le cas particulièrement pour les annates perçues à l'occasion de la vacance des évêchés. Avec les besoins croissants, on inventa de nouveaux moyens de se procurer de l'argent : commerce des reliques et des indulgences, dons jubilaires, etc. C'est ainsi que des sommes considérables passaient chaque année d'Allemagne à Rome et l'oppression accrue qui en résultait, non seulement augmentait la haine contre les prêtres, mais renforçait encore le sentiment national, particulièrement dans la noblesse, l'ordre le plus national de l'époque.

Les anciens citoyens hors les murs des *villes* du moyen âge avaient donné naissance, avec le développement du commerce et de l'industrie, à trois fractions bien distinctes.

À la tête de la société urbaine se trouvait le *patriciat*, ceux qu'on appelait les « notables » [*die Ehrbarkeit*]. Il se composait des familles les plus riches. Elles seules siégeaient au Conseil et occupaient toutes les fonctions municipales. Ainsi elles n'administraient pas seulement les revenus de la ville, elles en vivaient également. Fortes de leurs richesses, de leur situation aristocratique traditionnelle, reconnues par l'empereur et par l'Empire, elles exploitaient de toutes les manières la commune, aussi bien que les paysans sujets de la ville. Elles pratiquaient l'usure des grains et de l'argent, s'attribuaient toute sorte de monopoles, enlevaient à la commune, les uns après les autres, les droits d'affouage et de pacage, s'appropriaient directement la jouissance des forêts et prairies communales, décrétaient arbitrairement des péages sur les chemins, les ponts, les portes et autres charges, et trafiquaient des privilèges corporatifs, des droits de citoyenneté et de maîtrise et de la justice. Les paysans des alentours n'étaient pas mieux traités par le patriciat que par la noblesse ou les curés. Au contraire, les baillis et fonctionnaires municipaux dans les campagnes, tous patriciens, ajoutaient encore à la dureté et à la cupidité aristocratiques une certaine minutie bureaucratique dans le recouvrement des droits. Les revenus municipaux ainsi recueillis étaient administrés de la façon la plus arbitraire. La comptabilité des livres municipaux, pure formalité, était négligée et confuse au possible. Les malversations et les déficits de trésorerie étaient à l'ordre du jour. On comprend combien il devait être facile à une caste peu nombreuse, entourée de toute part de privilèges, étroitement unie par les liens de parenté et les intérêts communs, de s'enrichir énormément au moyen des revenus des villes quand on pense aux abus de confiance que l'année 1848 a mis à jour dans un si grand nombre d'administrations municipales.

Les patriciens avaient fait le nécessaire pour laisser partout s'éteindre les droits de la commune urbaine, surtout en matière de finances. Ce n'est que plus tard, lorsque les escroqueries de ces messieurs devinrent par trop graves, que les communes se mirent de nouveau en mouvement pour se saisir au moins du contrôle de l'administration municipale. Et elles réussirent en fait à recouvrer leurs droits dans la plupart des villes. Mais, grâce aux dissensions perpétuelles entre les corporations, grâce à la ténacité des patriciens et à la protection qu'ils trouvaient auprès de l'Empire et des gouvernements des villes alliées, les conseillers patriciens arrivèrent bientôt à rétablir, en fait, leur ancienne autocratie, soit par la ruse, soit par la violence. Au début du XVIe siècle, dans toutes les villes, la commune se trouvait de nouveau dans l'opposition.

Cette opposition contre le patriciat se divisait en deux fractions qui se manifestent très nettement au cours de la Guerre des paysans.

L'*opposition bourgeoise,* la devancière de nos libéraux actuels, groupait les bourgeois riches et moyens, ainsi qu'une partie plus ou moins importante selon les localités des petits bourgeois. Ses revendications se maintenaient exclusivement sur le terrain constitutionnel. Elle réclamait le droit de contrôle sur l'administration municipale et une participation au pouvoir législatif, soit par l'intermédiaire de l'assemblée communale elle-même, soit par l'intermédiaire d'une représentation communale (grand Conseil, municipalité) ; de plus, la limitation du népotisme patricien et de l'oligarchie d'un petit nombre de familles qui se manifestait de plus en plus nettement même à l'intérieur du patriciat. Tout au plus exigeait-elle, en outre, que quelques sièges au Conseil fussent occupés par des bourgeois pris dans son sein. Ce parti auquel se ralliait, çà et là, la fraction mécontente et déclassée du patriciat, constituait la grande majorité dans toutes les assemblées communales ordinaires et dans les corporations. Les partisans du Conseil et l'opposition radicale constituaient une infime minorité parmi les *bourgeois* proprement dits.

Nous aurons l'occasion de voir comment, au cours du mouvement du XVIe siècle, cette opposition « modérée », « légale », « aisée », « intelligente », joua exactement le même rôle, et exactement avec le même succès, que son héritier, le parti constitutionnel[1], dans le mouvement des années 1848 et 1849.

Pour le reste, l'opposition bourgeoise vitupérait encore très vigoureusement les prêtres, dont la vie de paresse et les mœurs relâchées soulevaient sa réprobation. Elle réclamait des mesures contre le genre de vie scandaleuse de ces dignes hommes. Elle demandait la suppression de la juridiction particulière et de l'exemption d'impôts dont jouissaient les prêtres et, d'une façon générale, la limitation du nombre des moines.

L'*opposition plébéienne* se composait des bourgeois déclassés et de la masse des citadins privés des droits civiques : les compagnons, les journaliers et les nombreux éléments embryonnaires du *Lumpenproletariat*, cette racaille que l'on trouve même aux degrés les plus bas du développement des villes. Le *Lumpenproletariat* constitue d'ailleurs un phénomène qu'on retrouve plus ou moins développé dans presque

---

[1] Le Parti libéral, toujours prêt à s'entendre sur les gouvernements, limitait ses ambitions révolutionnaires à l'instauration de monarchies constitutionnelles.

toutes les phases de la société passée. La masse des gens sans gagne-pain bien défini ou sans domicile fixe était, précisément à cette époque, considérablement augmentée par la décomposition du féodalisme dans une société où chaque profession, chaque sphère de la vie était retranchée derrière une multitude de privilèges. Dans tous les pays développés, jamais le nombre de vagabonds n'avait été aussi considérable que dans la première moitié du XVIe siècle. De ces vagabonds, les uns s'engageaient, pendant les périodes de guerre, dans les armées ; d'autres parcouraient le pays en mendiant ; d'autres enfin s'efforçaient, dans les villes, de gagner misérablement leur vie par des travaux à la journée ou d'autres occupations non accaparées par des corporations. Ces trois éléments jouent un rôle dans la Guerre des paysans : le premier, dans les armées des princes, devant lesquelles succombèrent les paysans ; le deuxième, dans les conjurations et les bandes paysannes, où son influence démoralisante se manifeste à chaque instant ; le troisième, dans les luttes des partis citadins. Il ne faut d'ailleurs pas oublier qu'une grande partie de cette classe, surtout l'élément des villes, possédait encore à l'époque un fonds considérable de saine nature paysanne et était encore loin d'avoir atteint le degré de vénalité et de dépravation du *Lumpenproletariat* civilisé d'aujourd'hui.

On voit que l'opposition plébéienne des villes, à cette époque, se composait d'éléments très mélangés. Elle groupait les éléments déclassés de la vieille société féodale et corporative et les éléments prolétariens non développés encore, à peine embryonnaires, de la société bourgeoise moderne en train de naître. D'un côté, des artisans appauvris, liés encore à l'ordre bourgeois existant par les privilèges des corporations ; de l'autre, des paysans chassés de leurs terres et des gens de service licenciés qui ne pouvaient pas encore se transformer en prolétaires. Entre eux les compagnons, placés momentanément en dehors de la société officielle et qui, par leurs conditions d'existence, se rapprochaient du prolétariat autant que le permettaient l'industrie de l'époque et les privilèges des corporations, mais qui en même temps étaient presque tous de futurs maîtres et de futurs bourgeois, en raison précisément de ces privilèges. C'est pourquoi la position politique de ce mélange d'éléments divers était nécessairement très peu sûre et différente selon les localités. Jusqu'à la Guerre des paysans, l'opposition plébéienne ne participe pas aux luttes politiques en tant que parti. Elle ne se manifeste que comme prolongement de l'opposition bourgeoise, appendice bruyant, avide de pillages, se vendant pour quelques tonneaux de vin. Ce sont les soulèvements des paysans qui la transforment en un parti, et même alors elle reste presque partout, dans ses revendications et dans son action, dépendante des paysans — ce qui prouve de façon curieuse à quel point les villes dépendaient encore à cette époque de la campagne. Dans la mesure où elle a une attitude indépendante, elle réclame l'établissement des monopoles industriels de la ville à la campagne, s'oppose à la réduction des revenus de la ville par la suppression des charges féodales pesant sur les paysans de la banlieue, etc. ; en un mot, dans cette mesure elle est réactionnaire, se subordonne à ses propres éléments petits-bourgeois, fournissant ainsi un prélude caractéristique à la tragi-comédie que joue depuis trois ans, sous la raison sociale de la démocratie, la petite bourgeoisie moderne.

Ce n'est qu'en Thuringe, sous l'influence directe de Münzer, et en divers autres lieux, sous celle de ses disciples, que la fraction plébéienne des villes fut entraînée par la tempête générale au point que l'élément prolétarien embryonnaire l'emporta momentanément sur toutes les autres fractions du mouvement. Cet épisode, qui constitue le point culminant de toute la Guerre des paysans et se ramasse autour de sa figure la plus grandiose, celle de *Thomas Münzer,* est en même temps le plus court. Il est compréhensible que cet élément devait s'effondrer le plus rapidement, revêtir un caractère surtout fantastique, et que l'expression de ses revendications devait rester extrêmement confuse, car c'est lui qui rencontrait, dans les conditions de l'époque, le terrain le moins solide.

Au-dessous de toutes ces classes, à l'exception de la dernière, se trouvait la grande masse exploitée de la nation : les *paysans.* C'est sur eux que pesait toute la structure des couches sociales : princes, fonctionnaires, nobles, curés, patriciens et bourgeois. Qu'il appartînt à un prince, à un baron d'Empire, à un évêque, à un monastère ou à une ville, le paysan était partout traité comme une chose, comme une bête de somme, et même souvent pis. Serf, son maître pouvait disposer de lui à sa guise. Corvéable, les prestations légales contractuelles suffisaient déjà à l'écraser, mais ces prestations elles-mêmes s'accroissaient de jour en jour. La plus grande partie de son temps, il devait l'employer à travailler sur les terres de son maître. Sur ce qu'il gagnait dans ses rares heures disponibles, il devait payer cens, dîmes, redevances, taille, viatique (impôt militaire), impôts d'État et taxes d'Empire. Il ne pouvait ni se marier, ni même mourir sans payer un droit à son maître. Outre les corvées féodales ordinaires, il devait pour son maître récolter la paille, les fraises, les myrtilles, ramasser des escargots, rabattre le gibier à la chasse, fendre du bois, etc. Le droit de pêche et de chasse appartenait au maître, et le paysan devait regarder tranquillement le gibier détruire sa récolte. Les pâturages et les bois communaux des paysans leur avaient été presque partout enlevés de force par les seigneurs. Et de même qu'il disposait de la propriété, le seigneur disposait à son gré de la personne du paysan, de celle de sa femme et de ses filles. Il avait le droit de cuissage. Il pouvait, quand il voulait, faire jeter le paysan en prison, où la torture l'attendait aussi sûrement qu'aujourd'hui le juge d'instruction. Il le faisait assommer ou décapiter, selon son bon plaisir. De ces édifiants chapitres de la *Caroline* [1], qui traitaient de la façon de « couper les oreilles », de « couper le nez », « crever les yeux », de « trancher les doigts et les mains », de « décapiter », de « rouer », de « brûler », de « pincer avec des tenailles brûlantes », d'« écarteler », etc., il n'en est pas un seul que les nobles seigneurs et protecteurs n'aient employé à leur gré contre les paysans. Qui les aurait défendus ? Dans les tribunaux siégeaient des barons, des prêtres, des patriciens ou des juristes, qui savaient parfaitement pour quel travail ils étaient payés. Car tous les ordres officiels de l'Empire vivaient de l'exploitation des paysans.

Cependant, quoique grinçant des dents sous le joug qui les accablait, les paysans étaient très difficiles à soulever. Leur dispersion leur rendait extrêmement difficile toute

---

[1] Code pénal du XVIe siècle publié par Charles Quint (d'où son nom) en 1532 et qui resta en vigueur jusqu'au XVIIIe siècle. Encore apportait-il une atténuation aux procédés en vigueur à l'époque.

entente commune. La longue accoutumance de générations successives à la soumission, la perte de l'habitude de l'usage des armes dans beaucoup de régions, la dureté de l'exploitation, tantôt s'atténuant, tantôt s'aggravant, selon la personne des seigneurs, contribuaient à maintenir les paysans dans le calme. C'est pourquoi on trouve au moyen âge quantité de révoltes paysannes locales, mais, en Allemagne tout au moins, on ne trouve pas avant la Guerre des paysans une seule insurrection générale nationale de la paysannerie. Il faut ajouter à cela que les paysans n'étaient pas capables à eux seuls de faire une révolution tant qu'ils trouvaient en face d'eux le bloc de la puissance organisée des princes, de la noblesse et des villes, unis en une alliance solide. Seule une alliance avec d'autres ordres pouvait leur donner une chance de vaincre, mais comment s'allier avec d'autres, quand tous les exploitaient également ?

Ainsi au début du XVIe siècle les différents ordres de l'Empire : princes, noblesse, prélats, patriciens, bourgeois, plébéiens et paysans, composaient une masse extrêmement confuse, aux besoins les plus variés et se contrecarrant en tous sens. Chaque ordre faisait obstacle à l'autre, et était engagé dans une lutte permanente, tantôt ouverte, tantôt masquée, avec tous les autres. Cette division de toute la nation en deux grands camps, qui existait au début de la première Révolution française et que l'on constate maintenant aussi à une étape supérieure du développement dans les pays les plus avancés, était purement impossible dans les conditions d'alors. Elle ne pouvait s'établir, même très approximativement, que lorsque la couche inférieure de la nation, les paysans et les plébéiens, exploitée par tous les autres ordres, se souleva. On se rendra facilement compte de la confusion des intérêts, des vues et des aspirations de cette époque, si on se rappelle quelle confusion a provoquée au cours de ces deux dernières années la composition actuelle, beaucoup moins complexe cependant, de la nation allemande en noblesse féodale, bourgeoisie, petite bourgeoisie, paysannerie et prolétariat.

II

[LES GRANDS GROUPEMENTS D'OPPOSITION ET LEURS IDÉOLOGIES. LUTHER ET MÜNZER]

Le groupement des ordres alors si multiples en unités plus importantes était déjà à peu près totalement entravé par la décentralisation et l'indépendance locale et provinciale, l'isolement commercial et industriel des différentes provinces entre elles, les communications difficiles. Ce groupement ne se constitue qu'avec la diffusion générale d'idées révolutionnaires, religieuses et politiques sous la Réforme. Les différents ordres qui adhèrent à ces idées ou les rejettent concentrent la nation, à vrai dire d'une façon tout à fait malaisée et approximative, en trois grands camps : le camp catholique ou réactionnaire, le camp luthérien bourgeois-réformateur et le camp révolutionnaire. Si dans ce grand morcellement de la nation on trouve peu de logique, si l'on rencontre parfois les mêmes éléments dans les deux premiers camps, cela s'explique par l'état de décomposition dans lequel se trouvaient, à cette époque, la plupart des ordres officiels hérités du moyen âge, et par la décentralisation qui, dans des régions différentes, poussait momentanément les mêmes ordres dans des directions opposées. Nous avons eu si souvent l'occasion, au cours de ces dernières années en Allemagne de constater des phénomènes analogues qu'un tel pêle-mêle apparent des ordres et des classes dans les conditions beaucoup plus complexes du XVIe siècle ne saurait nous étonner.

Malgré les expériences récentes, l'idéologie allemande continue à ne voir dans les luttes auxquelles a succombé le moyen âge que de violentes querelles théologiques. Si les gens de cette époque avaient seulement pu s'entendre au sujet des choses célestes, ils n'auraient eu, de l'avis de nos historiens et hommes d'État nationaux, aucune raison de se disputer sur les choses de ce monde. Ces idéologues sont assez crédules pour prendre pour argent comptant toutes les illusions qu'une époque se fait sur elle-même, ou que les idéologues d'une époque se font sur elle. Cette sorte de gens ne voient, par exemple, dans la Révolution de 1789 qu'un débat un peu bouillant sur les avantages de la monarchie constitutionnelle par rapport à la monarchie absolue ; dans la Révolution de juillet, qu'une controverse pratique sur l'impossibilité de défendre le droit divin ; dans la Révolution de février, qu'une tentative de résoudre la question : république ou monarchie, etc. Les luttes de classes qui se poursuivent à travers tous ces bouleversements, et dont la phraséologie politique inscrite sur les drapeaux des partis en lutte n'est que l'expression, ces luttes entre classes, nos idéologues aujourd'hui encore, les soupçonnent à peine, quoique la nouvelle non seulement leur en vienne assez distinctement de l'étranger, mais retentisse aussi dans le grondement et la colère de milliers et de milliers de prolétaires de chez nous.

Même dans ce que l'on appelle les guerres de religion du XVIe siècle, il s'agissait avant tout de très positifs intérêts matériels de classes, et ces guerres étaient des luttes de classes, tout autant que les collisions intérieures qui se produisirent plus tard en Angleterre et en France. Si ces luttes de classes portaient, à cette époque, un signe de reconnaissance religieux, si les intérêts, les besoins, les revendications des différentes classes se dissimulaient sous le masque de la religion, cela ne change rien à l'affaire et s'explique facilement par les conditions de l'époque.

Le moyen âge était parti des tout premiers éléments. De la civilisation, de la philosophie, de la politique et de la jurisprudence antiques, il avait fait table rase pour tout recommencer par le début. Il n'avait repris du vieux monde disparu que le christianisme, ainsi qu'un certain nombre de villes à demi-détruites, dépouillées de toute leur civilisation. Le résultat fut que, de même qu'à toutes les étapes primitives de développement, les prêtres reçurent le monopole de la culture intellectuelle, et la culture elle-même prit un caractère essentiellement théologique. Entre les mains des prêtres, la politique et la jurisprudence restèrent, comme toutes les autres sciences, de simples branches de la théologie et furent traitées d'après les principes en vigueur dans celle-ci. Les dogmes de l'Église étaient en même temps des axiomes politiques, et les passages de la Bible avaient force de loi devant tous les tribunaux. Même lorsque se constitua une classe indépendante de juristes, la jurisprudence resta longtemps encore sous la tutelle de la théologie. Et cette souveraineté de la théologie dans tout le domaine de l'activité intellectuelle était en même temps la conséquence nécessaire de la situation de l'Église, synthèse la plus générale et sanction de la domination féodale régnante.

Il est donc clair que toutes les attaques dirigées en général contre le féodalisme devaient être avant tout des attaques contre l'Église, toutes les doctrines révolutionnaires, sociales et politiques devaient être en même temps et principalement des hérésies théologiques. Pour pouvoir toucher aux conditions sociales existantes, il fallait leur enlever leur auréole sacrée.

L'opposition révolutionnaire contre la féodalité se poursuit pendant tout le moyen âge. Elle apparaît, selon les circonstances, tantôt sous forme de mystique, tantôt sous forme d'hérésie ouverte, tantôt sous forme d'insurrection armée. En ce qui concerne la mystique, on sait à quel point en dépendirent les réformateurs du XVIe siècle. Münzer lui-même lui doit beaucoup. Les hérésies étaient, soit l'expression de la réaction des bergers des Alpes, aux habitudes de vie patriarcales, contre la féodalité pénétrant jusqu'à eux (les Vaudois [1]), soit l'expression de l'opposition au féodalisme des villes qui lui avaient échappé (Albigeois [2], Arnaud de Brescia [3], etc.), soit de simples insurrections paysannes (John

---

1 L'hérésie vaudoise, qui aurait été fondée par un riche marchand lyonnais, Pierre de Vaux, vers 1176, préconisait un retour à la pureté primitive et se développa dans le Nord de l'Italie, le Sud de la France, l'Allemagne et la Bohême. Le pape excommunia les Vaudois en 1184.

2 Les Albigeois formèrent aux XIe et XIIe siècles une secte religieuse répandue dans le Midi de la France. Ils avaient leur centre à Albi. Ils professaient le christianisme apostolique et se conformaient dans leurs mœurs à la simplicité de l'Évangile. Le pape Innocent III organisa contre eux en 1209 une croisade. La guerre des Albigeois dura vingt ans.

3 Arnaud de Brescia, disciple d'Abélard, prêchait le retour du clergé à la simplicité primitive. Condamné avec son maître au Concile de Sens (1140), il revint à Rome à l'appel de ses partisans et y

Ball [1], le maître de Hongrie en Picardie [2], etc.). Nous pouvons laisser ici de côté les hérésies patriarcales des Vaudois ainsi que l'insurrection des Suisses, comme étant, d'après leur forme et leur contenu, des tentatives réactionnaires de s'opposer au mouvement de l'histoire et comme n'ayant qu'une importance locale. Dans les deux autres formes d'hérésie moyenâgeuse, nous trouvons au XIIe siècle les précurseurs du grand antagonisme entre l'opposition bourgeoise et l'opposition paysanne-plébéienne, qui fut la principale cause de l'échec de la Guerre des paysans. Cet antagonisme se poursuit à travers toute la fin du moyen âge.

L'hérésie des villes — et c'est l'hérésie à proprement parler officielle du moyen âge — se tournait principalement contre les prêtres, dont elle attaquait les richesses et la position politique. De même que la bourgeoisie réclame maintenant un *gouvernement à bon marché* *, de même les bourgeois du moyen âge réclamaient une *Église à bon marché* *. Réactionnaire dans sa forme, comme toute hérésie qui ne voit dans le développement de l'Église et des dogmes qu'une

réforma les institutions. Le pape Adrien IV ayant lancé contre lui l'interdit, il fut exilé, puis livré à l'Église qui le brûla en 1155.

1 Prêtre anglais, porte-parole des classes inférieures qui prit une part active à la Révolte des travailleurs dirigée par Wat Tyler et fut exécuté en 1381.

2 Il s'agit sans doute ici de l'hérésie des Picards, qui prêchaient le retour à l'état d'innocence et la suppression de toute loi civile et religieuse. Ils constituaient comme les bégards et les lollards anglais une hérésie adamite, pratiquaient la communauté des femmes et des biens, et représentaient un véritable communisme utopique.

* Les mots en italique suivis d'un astérisque sont en français dans le texte.

dégénérescence, l'hérésie bourgeoise réclamait le rétablissement de la constitution simple de l'Église primitive et la suppression de l'ordre exclusif du clergé. Cette institution à bon marché aurait eu pour résultat de supprimer les moines, les prélats, la cour romaine, bref, tout ce qui dans l'Église coûtait cher. Étant elles-mêmes des républiques, quand bien même elles étaient placées sous la protection de monarques, les villes par leurs attaques contre la papauté exprimaient pour la première fois sous une forme générale cette vérité que la forme normale de la domination de la bourgeoisie, c'est la république. Leur opposition à toute une série de dogmes et de lois de l'Église s'explique en partie par ce qui précède, en partie par leurs autres conditions d'existence. Pourquoi, par exemple, elles s'élevaient si violemment contre le célibat des prêtres, nul ne l'explique mieux que Boccace. Arnaud de Brescia en Italie et en Allemagne, les Albigeois dans le Midi de la France, John Wyclif [1] en Angleterre, Hus et les calixtins [1] en Bohême, furent les principaux représentants de cette tendance. Si l'opposition au féodalisme ne se manifeste ici que comme opposition à la féodalité *ecclésiastique*, la raison en est tout simplement que partout les villes constituaient déjà un ordre reconnu, et qu'elles

[1] Théologien anglais du XIVe siècle, inspirateur des lollards. Il critiquait le dogme catholique et niait la suprématie des autorités pontificales. Il est un des précurseurs de l'anglicanisme.

avaient avec leurs privilèges, leurs armes ou dans les assemblées des états, des moyens suffisants pour lutter contre la féodalité laïque.

Ici aussi, nous voyons déjà, tant dans le Midi de la France qu'en Angleterre et en Bohême, la plus grande partie de la petite noblesse s'allier aux villes dans la lutte contre les prêtres et dans l'hérésie — phénomène qui s'explique par la dépendance de la petite noblesse à l'égard des villes et par sa solidarité d'intérêts avec ces dernières contre les princes et les prélats ; nous le retrouverons dans la Guerre des paysans.

Tout autre était le caractère de l'hérésie qui était pression directe des besoins paysans et plébéiens, et qui était presque toujours liée à une insurrection. Elle comportait, certes, toutes les revendications de l'hérésie bourgeoise concernant les prêtres, la papauté et le rétablissement de la constitution de l'Église primitive, mais elle allait aussi infiniment plus loin. Elle voulait que les conditions d'égalité du christianisme primitif soient rétablies entre les membres de la communauté et reconnues également comme norme pour la société civile. De « l'égalité des enfants de Dieu », elle faisait découler l'égalité civile, et même en partie déjà l'égalité

---

[1] Issus du mouvement hussite, les calixtins (du mot calice) voulaient la communion sous les deux espèces. Ils groupèrent des bourgeois et des membres de la petite noblesse qui poursuivaient surtout

des fortunes. Mise sur pied d'égalité de la noblesse et des paysans, des patriciens, des bourgeois privilégiés et des plébéiens, suppression des corvées féodales, du cens, des impôts, des privilèges et en tout cas des différences de richesse les plus criantes, telles étaient les revendications posées avec plus ou moins de netteté et soutenues comme découlant nécessairement de la doctrine chrétienne primitive. Cette hérésie paysanne-plébéienne, qu'il était encore difficile, à l'époque de l'apogée du féodalisme, par exemple chez les Albigeois, de séparer de l'hérésie bourgeoise, se transforme, au XIVe et au XVe siècle, en un point de vue de parti nettement distinct, et apparaît habituellement de façon tout à fait indépendante à côté de l'hérésie bourgeoise. Tel fut John Ball [1], le prédicateur de l'insurrection de Wat Tyler en Angleterre, à côté du mouvement de Wyclif ; tels les Taborites [2], à côté des calixtins en Bohême. Chez les Taborites, la tendance républicaine apparaissait déjà sous les enjolivures théocratiques, tendance qui fut développée à la fin du XVe et au début du XVIIIe siècle par les représentants des plébéiens en Allemagne.

---

l'expropriation des biens d'Église.

[1] John Ball avait pris comme thème de prédication : « Quand Adam bêchait et qu'Ève filait, où donc était le gentilhomme ? »

[2] Les Taborites (de la ville de Tabor en Bohême) constituaient l'aile démocratique et révolutionnaire du second courant hussite. Leur mouvement fut brisé en 1434 par les calixtins.

À cette forme d'hérésie se rattache l'exaltation des sectes mystiques, flagellants, lollards [1], etc., qui, pendant les périodes de réaction, perpétuent la tradition révolutionnaire.

Les plébéiens constituaient, à l'époque, la seule classe placée tout à fait en dehors de la société officielle. Ils étaient en dehors de l'association féodale comme de l'association bourgeoise. Ils n'avaient ni privilèges, ni propriété, et ne possédaient même pas, comme les paysans et les petits bourgeois, un bien, fût-il grevé de lourdes charges. Ils étaient sous tous les rapports sans bien et sans droits. Leurs conditions d'existence ne les mettaient même pas en contact direct avec les institutions existantes, qui les ignoraient complètement. Ils étaient le symptôme vivant de la décomposition de la société féodale et corporative bourgeoise, et en même temps les précurseurs de la société bourgeoise moderne.

C'est cette situation qui explique pourquoi, dès cette époque, la fraction plébéienne ne pouvait pas se limiter à la simple lutte contre le féodalisme et la bourgeoisie privilégiée : elle devait, du moins en imagination, dépasser la société bourgeoise moderne qui pointait à peine. Elle explique

[1] Le mysticisme des flagellants, qui se châtiaient corporellement pour les péchés des hommes, et des lollards, qui prêchaient le retour à la pauvreté et à la simplicité primitive, était surtout répandu parmi

pourquoi cette fraction, exclue de toute propriété, devait déjà mettre en question des institutions, des conceptions et des idées qui sont communes à toutes les formes de société reposant sur les antagonismes de classe. Les exaltations chiliastiques[1] du christianisme primitif offraient pour cela un point de départ commode. Mais, en même temps, cette anticipation par-delà non seulement le présent, mais même l'avenir ne pouvait avoir qu'un caractère violent, fantastique, et devait, à la première tentative de réalisation pratique, retomber dans les limites restreintes imposées par les conditions de l'époque. Les attaques contre la propriété privée, la revendication de la communauté des biens devaient se résoudre en une organisation grossière de bienfaisance. La vague égalité chrétienne pouvait, tout au plus, aboutir à « l'égalité civile devant la loi » ; la suppression de toute autorité devient, en fin de compte, la constitution de gouvernements républicains élus par le peuple. L'anticipation en imagination du communisme était en réalité une anticipation des conditions bourgeoises modernes.

Cette anticipation de l'histoire ultérieure, violente, mais cependant très compréhensible étant donné les conditions d'existence de la fraction plébéienne, nous la rencontrons

---

les couches pauvres et était hostile aux ordres monastiques.

tout d'abord en *Allemagne*, chez *Thomas Münzer* et ses partisans. Il y avait bien eu déjà, chez les Taborites, une sorte de communauté millénariste des biens, mais seulement comme une mesure d'ordre exclusivement militaire. Ce n'est que chez Münzer que ces résonances communistes deviennent l'expression des aspirations d'une fraction réelle de la société. C'est chez lui seulement qu'elles sont formulées avec une certaine netteté, et après lui nous les retrouvons dans chaque grand soulèvement populaire, jusqu'à ce qu'elles se fondent peu à peu avec le mouvement prolétarien moderne ; tout comme au moyen âge les luttes des paysans libres contre la féodalité, qui les enserre de plus en plus dans ses filets, se fondent avec les luttes des serfs et des corvéables pour le renversement complet de la domination féodale.

Tandis que le premier des trois grands camps entre lesquels se divisait la nation, le camp *conservateur-catholique*, groupait tous les éléments intéressés au maintien de l'ordre existant : pouvoir d'Empire, clergé et une partie des princes séculiers, noblesse riche, prélats et patriciat des villes, sous la bannière de la Réforme *luthérienne-bourgeoise* modérée se rassemblent les éléments possédants de l'opposition, la masse de la petite noblesse, la bourgeoisie, et même une

---

[1] Se fondant sur un passage de l'*Apocalypse*, les chiliastes annonçaient le retour du Christ sur la Terre et son règne pour mille ans ou millénium.

partie des princes séculiers, qui espéraient s'enrichir par la confiscation des biens de l'Église et voulaient profiter de l'occasion pour conquérir une indépendance plus grande à l'égard de l'Empire. Enfin, les paysans et les plébéiens constituaient le parti révolutionnaire, dont les revendications et les doctrines furent exprimées avec le plus d'acuité par Thomas Münzer.

Tant d'après leurs doctrines que d'après leur caractère et leur action, Luther et Münzer représentent totalement le parti que chacun d'eux dirigeait.

De 1517 à 1525, *Luther* a connu exactement la même évolution que les constitutionalistes allemands modernes de 1846 à1849 et que connaît chaque parti bourgeois qui, après avoir été un moment à la tête du mouvement, se voit dans ce mouvement lui-même débordé par le parti plébéien ou prolétarien qui le soutenait jusqu'alors.

Lorsque, en 1517, Luther attaqua tout d'abord les dogmes et la constitution de l'Église catholique, son opposition n'avait pas encore de caractère bien déterminé. Sans dépasser les revendications de l'ancienne hérésie bourgeoise, elle n'excluait aucune tendance plus radicale, et ne le pouvait d'ailleurs pas. Car il fallait unir tous les éléments d'opposition, déployer l'énergie la plus résolument révolutionnaire et représenter l'ensemble de l'hérésie antérieure en face de l'orthodoxie catholique. C'est précisément en ce sens que nos libéraux bourgeois étaient encore révolutionnaires en 1847, qu'ils se disaient socialistes et communistes et s'enthousiasmaient pour l'émancipation de la classe ouvrière. La forte nature paysanne de Luther se manifesta au cours de cette première période de son activité de la manière la plus impétueuse.

> « Si le déchaînement de leur furie devait continuer, écrivait-il en parlant des prêtres romains, il me semble qu'il n'y aurait certes meilleur moyen et remède pour le faire cesser que de voir les rois et les princes intervenir par la violence, attaquer cette engeance néfaste qui empoisonne le monde et mettre fin à leur entreprise *par les armes et non par la parole*. De même que nous châtions les voleurs par la corde, les assassins par l'épée, les hérétiques par le feu, pourquoi n'attaquons-nous pas plutôt ces néfastes professeurs de ruine, les papes, les cardinaux, les évêques et toute la horde de la Sodome romaine, *avec toutes les armes dont nous disposons, et ne lavons-nous pas nos mains dans leur sang*[1] ? »

Mais cette première ardeur révolutionnaire ne dura pas longtemps. La foudre que Luther avait lancée porta. Le

[1] Cité d'après W. ZIMMERMANN, *ouv. cité*, 43, 1re partie, pp. 364-365.

peuple allemand tout entier se mit en mouvement. D'une part, les paysans et les plébéiens virent dans ses appels à la lutte contre les prêtres, dans ses prédications sur la liberté chrétienne le signal de l'insurrection ; de l'autre, les bourgeois modérés et une grande partie de la petite noblesse se rallièrent à lui, entraînant même avec eux un certain nombre de princes. Les uns crurent le moment venu de régler leurs comptes avec tous leurs oppresseurs ; les autres désiraient seulement mettre un terme à la toute-puissance des prêtres, à la dépendance vis-à-vis de Rome et de la hiérarchie catholique et s'enrichir grâce à la confiscation des biens de l'Église. Les partis se séparèrent et trouvèrent leur porte-parole. Luther eut à choisir entre ces partis. Protégé de l'électeur de Saxe, éminent professeur de l'université de Wittenberg, ayant acquis du jour au lendemain notoriété et puissance, entouré d'un cercle de créatures à sa dévotion et de flatteurs, ce grand homme n'hésita pas une minute. Il laissa tomber les éléments populaires du mouvement et rallia le parti de la noblesse, de la bourgeoisie et des princes. Les appels à la guerre d'extermination contre Rome s'éteignirent. Luther prêchait maintenant *l'évolution pacifique et la résistance passive* (voir par exemple *Appel à la noblesse allemande*, 1520, etc.).

À l'invitation qui lui fut faite par Ulrich von Hutten de se rendre auprès de lui et de Sickingen, à Ebernbourg, centre de la conjuration de la noblesse contre le clergé et les princes, Luther répondit :

> « Je ne suis pas pour que l'on gagne la cause de l'Évangile *par la violence et les effusions de sang*. C'est par la parole que le monde a été vaincu, c'est par la parole que l'Église s'est maintenue, c'est par la parole qu'elle sera remise en état, et de même que l'Antéchrist s'en est emparé sans violence, il tombera aussi sans violence. [1] »

C'est du jour où la tendance de Luther prit cette tournure, ou plutôt se fixa de cette façon plus précise, que datent ces tractations autour des institutions et des dogmes à conserver ou à réformer, ce manège répugnant de diplomatie, de concessions, d'intrigues et d'accords, qui aboutit à la Confession d'Augsbourg [2], la constitution, enfin acquise au prix de marchandages de l'Église bourgeoise réformée. C'est exactement le même trafic sordide qui s'est répété récemment, et jusqu'à l'écœurement, sous la forme politique dans les assemblées nationales allemandes, les assemblées d'entente, les chambres de révision et autres Parlements

[1] *Ibid.* p. 366.

[2] La Confession d'Augsbourg est le credo présenté par les princes protestants en 1530 à l'empereur Charles Quint, document qui énumérait les principes de leur foi et les réformes à apporter à l'Église catholique romaine.

d'Erfurt [1]. C'est au cours de ces négociations que se manifesta le plus ouvertement le caractère petit-bourgeois de la Réforme officielle.

Que Luther, désormais représentant déclaré de la Réforme bourgeoise, prêchât le progrès dans le cadre de la loi, il y avait à cela de bonnes raisons. La plupart des villes s'étaient prononcées en faveur de la Réforme modérée, la petite noblesse s'y ralliait de plus en plus. Une partie des princes y adhéra, l'autre hésitait. Son succès était autant dire assuré, du moins dans une grande partie de l'Allemagne. Si les choses continuaient à se développer pacifiquement, les autres régions ne pouvaient pas, à la longue, résister à la poussée de l'opposition modérée. Mais tout ébranlement violent devait mettre le parti modéré en conflit avec le parti extrême des plébéiens et des paysans, éloigner du mouvement les princes, la noblesse et un certain nombre de villes, et ne laisser finalement d'autre alternative que le débordement du parti bourgeois par le parti paysan et plébéien ou l'écrasement de tous les partis du mouvement par la restauration catholique. Et de quelle façon les partis bourgeois, dès qu'ils ont obtenu le moindre succès, s'efforcent au moyen du

---

[1] À l'initiative du roi de Prusse, qui voulait réaliser l'unité de l'Allemagne en excluant l'Autriche, un « Parlement d'union », élu avec l'appui de la grande bourgeoisie se réunit à Erfurt le 20 mars 1850. Abandonné par un certain nombre de princes, n'osant affronter le tsar Nicolas Ier, Frédéric-Guillaume IV l'ajourna dès le 29 avril.

progrès dans le cadre de la loi de louvoyer entre le Scylla de la révolution et le Charybde de la restauration, c'est ce que les événements récents nous ont suffisamment montré.

Comme par suite des conditions générales, sociales et politiques de l'époque, les résultats de toute transformation devaient nécessairement profiter aux princes, la Réforme bourgeoise devait tomber de plus en plus sous le contrôle des princes réformés, au fur et à mesure qu'elle se séparait plus nettement des éléments plébéiens et paysans. Luther lui-même devint de plus en plus leur valet, et le peuple savait très bien ce qu'il faisait, lorsqu'il l'accusait d'être devenu un courtisan comme les autres, et lorsqu'il le pourchassait comme à Orlamunde à coups de pierres.

Lorsque la Guerre des paysans éclata, et qui plus est dans des régions où les princes et la noblesse étaient en majorité catholiques, Luther s'efforça de jouer un rôle de médiateur. Il attaqua résolument les gouvernements. Il déclara qu'ils étaient responsables de l'insurrection par leurs vexations. Ce n'étaient pas les paysans qui se levaient contre eux, c'était Dieu lui-même. Cependant la révolte elle aussi était impie et contraire aux préceptes de l'Évangile. Finalement, il conseilla aux deux parties adverses de céder et de conclure un accord amiable.

Mais l'insurrection s'étendit rapidement, malgré ces propositions bien intentionnées de médiation, elle s'étendit même à des régions protestantes qui se trouvaient sous l'autorité de princes, de nobles et de villes luthériens et dépassa rapidement la « prudente » Réforme bourgeoise. C'est dans le proche voisinage de Luther, en Thuringe, que la fraction la plus décidée des insurgés, sous la direction de Münzer, établit son quartier général. Encore quelques succès, et toute l'Allemagne était en flammes, Luther était encerclé, peut-être exécuté à coups de pique comme traître, et la Réforme bourgeoise emportée par le raz de marée de la révolution plébéienne et paysanne. Il n'y avait donc plus à hésiter. En face de la révolution toutes les vieilles inimitiés furent oubliées. En comparaison des bandes paysannes, les valets de la Sodome romaine étaient des agneaux innocents, de doux enfants de Dieu. Bourgeois et princes, noblesse et clergé, Luther et le pape s'unirent « contre les bandes paysannes, pillardes et tueuses [1] ».

> Il faut les *mettre en pièces,* les *étrangler*, les *égorger*, en *secret* et *publiquement,* comme on abat des *chiens enragés* ! s'écria Luther. C'est pourquoi, mes chers seigneurs, égorgez-les, abattez-les,

[1] Titre d'un pamphlet de Luther publié en 1525, en pleine Guerre des paysans.

> étranglez-les, libérez ici, sauvez là ! Si vous tombez dans la lutte, vous n'aurez jamais de mort plus sainte [1] ! »

Pas de fausse pitié pour les paysans ! Ils se mêlent eux-mêmes aux insurgés, ceux qui ont pitié de ceux dont Dieu lui-même n'a pas pitié, mais qu'il veut au contraire punir et anéantir. Après, les paysans apprendront eux-mêmes à remercier Dieu, s'ils sont obligés de céder une de leurs vaches pour pouvoir garder l'autre en paix ; et l'insurrection montrera aux princes quel est l'esprit du peuple, qu'on ne peut gouverner que par la force [2].

> « Le sage dit : *Cibus, onus et virgam asino* [3]. Les paysans ont de la paille d'avoine dans la tête ; ils n'entendent point les paroles de Dieu, ils sont stupides ; c'est pourquoi il faut leur faire entendre le fouet, l'arquebuse et c'est bien fait pour eux. Prions pour eux qu'ils obéissent. Sinon, pas de pitié ! *Faites parler les arquebuses, sinon ce sera bien pis* [4]. »

C'est exactement ainsi que parlèrent nos ci-devant bourgeois socialistes et philanthropes lorsque le prolétariat, au lendemain des journées de mars, vint réclamer sa part des fruits de la victoire.

---

[1] Voir ZIMMERMANN, *ouv. cité*, 3e partie, p. 713.
[2] *Ibid.* p. 714.
[3] Nourriture, fardeau et fouet : voilà ce qu'il faut à l'âne.
[4] ZIMMERMANN, *ouv. cité*, p. 714.

Avec sa traduction de la Bible, Luther avait donné au mouvement plébéien une arme puissante. Dans la Bible, il avait opposé au christianisme féodalisé de l'époque l'humble christianisme des premiers siècles ; à la société féodale en décomposition, le tableau d'une société qui ignorait la vaste et ingénieuse hiérarchie féodale. Les paysans avaient utilisé cet outil en tous sens contre les princes, la noblesse et le clergé. Maintenant, Luther le retournait contre eux et tirait de la Bible un véritable hymne aux autorités établies par Dieu, tel que n'en composa jamais aucun lèche-bottes de la monarchie absolue ! Le pouvoir princier de droit divin, l'obéissance passive, même le servage trouvèrent leur sanction dans la Bible. Ainsi se trouvaient reniées non seulement l'insurrection des paysans, mais toute la révolte de Luther contre les autorités spirituelles et temporelles. Ainsi étaient trahis, au profit des princes, non seulement le mouvement populaire, mais même le mouvement bourgeois.

Est-il nécessaire de nommer les bourgeois qui, eux aussi, nous ont récemment donné une fois de plus des exemples de ce reniement de leur propre passé ?

Opposons maintenant au réformateur bourgeois Luther le révolutionnaire plébéien *Münzer*.

Thomas Münzer était né à *Stolberg,* dans le Harz, vers l'année 1498 [1]. Son père était mort pendu, victime de l'arbitraire des comtes de Stolberg. Dès sa quinzième année, Münzer fonda à l'école, à Halle, une ligue secrète contre l'archevêque de Magdebourg et l'Église romaine en général. Sa connaissance profonde de la théologie de l'époque lui permit d'obtenir de bonne heure le grade de docteur et une place de chapelain dans un couvent de religieuses à Halle. Il y traitait déjà avec le plus grand mépris les dogmes et les rites de l'Église, supprimait complètement à la messe les paroles de la transsubstantiation, et, ainsi que le rapporte Luther, avalait les hosties non consacrées [2]. Il étudiait principalement les mystiques du moyen âge, en particulier, les écrits millénaristes de Joachim le Calabrais [1]. L'heure du millénium, de la condamnation de l'Église dégénérée et du monde corrompu, que cet écrivain annonce et dépeint, sembla à Münzer être venue avec la Réforme et l'agitation générale de l'époque. Il prêcha dans la région avec beaucoup de succès. En 1520, il alla comme premier prédicateur évangélique à Zwickau. Là, il trouva une de ces sectes millénaristes exaltées qui continuaient à vivre dans le silence dans un grand nombre de régions, et derrière la modestie et la réserve momentanée

---

[1] Cette date est donnée aussi par Zimmermann dans son édition de 1842. D'après son édition de 1856 et d'autres sources, l'année de la naissance de Münzer serait soit 1490, soit 1493.

[2] Voir ZIMMERMANN, *ouv. cité,* 2e partie, p. 55.

desquelles s'était cachée l'opposition grandissante des couches sociales inférieures contre l'état de choses existant ; maintenant, avec l'agitation croissante, elles se produisaient d'une manière de plus en plus ouverte et opiniâtre. C'était la secte des anabaptistes [2], à la tête de laquelle se trouvait Nikolas *Storch*. Ils prêchaient l'approche du Jugement dernier et du millénium ; ils avaient « des visions, des extases et l'esprit de prophétie ». Ils entrèrent rapidement en conflit avec le Conseil de Zwickau. Münzer les défendit, sans jamais se rallier complètement à eux, mais en les gagnant de plus en plus à son influence. Le Conseil intervint énergiquement contre eux ; ils durent quitter la ville, et Münzer avec eux. C'était à la fin de 1521.

Münzer se rendit à Prague et s'efforça d'y prendre pied en partant des restes du mouvement hussite, mais sa proclamation [1] n'eut d'autre résultat que de l'obliger à fuir encore de Bohême. En 1522, il fut nommé prédicateur à Allstedt, en Thuringe. Là il commença par réformer le culte. Avant même que Luther osât aller jusque-là, il supprima complètement l'emploi du latin et fit lire toute la Bible, et non pas seulement les Évangiles et les épîtres prescrites aux offices

---

[1] Joachim de FLORE : mystique italien du XIIe siècle dont la doctrine de l'Évangile éternel est connue sous le nom de Joachimisme.

[2] Les anabaptistes demandaient que le chrétien soit de nouveau baptisé une fois parvenu à l'âge de raison.

du dimanche. En même temps il organisa la propagande dans la région. Le peuple accourut à lui de tous côtés, et bientôt Allstedt devint le centre du mouvement populaire anticlérical de toute la Thuringe.

À cette époque, Münzer était encore avant tout théologien ; ses attaques étaient encore presque exclusivement dirigées contre les prêtres. Mais il ne prêchait pas, comme Luther le faisait déjà, les discussions paisibles et l'évolution pacifique. Il continuait les anciens prêches violents de Luther et appelait les princes saxons et le peuple à la lutte armée contre les prêtres romains.

> « Le Christ ne dit-il pas : je ne suis pas venu vous apporter la paix, mais l'épée ? Mais qu'allez-vous [princes saxons] en faire ? L'employer à supprimer et à anéantir les méchants qui font obstacle à l'Évangile, si vous voulez être de bons serviteurs de Dieu. Le Christ a très solennellement ordonné (saint Luc, 19,27) : saisissez-vous de mes ennemis et étranglez-les devant mes yeux... Ne nous objectez pas ces fades niaiseries que la puissance de Dieu le fera sans le secours de votre épée ; autrement elle pourrait se rouiller dans le fourreau. Car ceux qui sont opposés à la révélation de Dieu, il faut les exterminer sans merci, de même « Ézéchias, Cyrus, Josias, Daniel et Élie ont exterminé les prêtres de Baal. Il n'est pas possible autre-

---

[1] En 1521 Münzer placarda sur les murs de Prague une « proclamation contre les papistes ».

> ment de faire revenir l'Église chrétienne à son origine. Il faut arracher les mauvaises herbes des vignes de Dieu à l'époque de la récolte. Dieu a dit (Moise, 5,7) : vous ne devez pas avoir pitié des idolâtres. Détruisez leurs autels, brisez leurs images et brûlez-les, afin que mon courroux ne s'abatte pas sur vous ! [1] »

Mais ces appels aux princes n'eurent aucun résultat, alors que la fièvre révolutionnaire croissait de jour en jour dans le peuple. Münzer dont les idées élaborées avec de plus en plus d'acuité devenaient chaque jour plus hardies, se sépara résolument de la Réforme bourgeoise et joua désormais directement le rôle d'un agitateur politique.

Sa doctrine théologique et philosophique attaquait, somme toute, tous les points fondamentaux non seulement du catholicisme, mais aussi du christianisme. Il enseignait, sous des formes chrétiennes, un panthéisme qui présente une ressemblance curieuse avec les conditions spéculatives modernes [2] et frise même par moments l'athéisme. Il rejetait la Bible comme révélation tant unique qu'infaillible. La véritable révélation vivante, c'est, disait Münzer, la raison, révélation qui a existé de tous temps et chez tous les peuples et qui existe encore. Opposer la Bible à la raison, c'est tuer

---

[1] Voir ZIMMERMANN, *ouv. cité*, 2e partie, p. 69.

[2] Allusion à D. F. Strauss et à certains Jeunes hégéliens.

l'esprit par la lettre. Car le Saint-Esprit dont parle la Bible n'existe pas en dehors de nous. Le Saint-Esprit, c'est précisément la raison. La foi n'est pas autre chose que l'incarnation de la raison dans l'homme, et c'est pourquoi les païens peuvent aussi avoir la foi. C'est cette foi, c'est la raison devenue vivante qui divinise l'homme et le rend bienheureux. C'est pourquoi le ciel n'est pas quelque chose de l'au-delà, c'est dans cette vie même qu'il faut le chercher ; et la vocation des croyants est précisément d'établir ce ciel, le royaume de Dieu, sur la terre. De même qu'il n'existe pas de ciel dans l'au-delà, de même il n'y existe pas d'enfer ou de damnation. De même, il n'y a d'autre diable que les désirs et les appétits mauvais des hommes. Le Christ a été un homme comme les autres, un prophète et un maître, et la cène a été un simple repas commémoratif, où le pain et le vin étaient consommés sans rien y ajouter de mystique.

Münzer enseignait cette doctrine en la dissimulant la plupart du temps sous les mêmes tournures chrétiennes, sous lesquelles la philosophie moderne a dû se cacher pendant un certain temps. Mais la pensée profondément hérétique ressort partout de ses écrits, et l'on s'aperçoit qu'il prenait beaucoup moins au sérieux le masque biblique que maints disciples de Hegel aujourd'hui. Et cependant, trois cents ans séparent Münzer de la philosophie moderne.

Sa doctrine politique se rattachait exactement à cette conception religieuse révolutionnaire et dépassait tout autant les rapports sociaux et politiques existants que sa théologie dépassait les conceptions religieuses de l'époque. De même que la philosophie religieuse de Münzer frisait l'athéisme, son programme politique frisait le communisme, et plus d'une secte communiste moderne, encore à la veille de la révolution de mars, ne disposait pas d'un arsenal théorique plus riche que celui des sectes « münzériennes » du XVIe, siècle. Ce programme, qui était moins la synthèse des revendications des plébéiens de l'époque, qu'une anticipation géniale des conditions d'émancipation des éléments prolétariens en germe parmi ces plébéiens, exigeait l'instauration immédiate sur terre du royaume de Dieu, du millénium des prophètes, par le retour de l'Église à son origine et par la suppression de toutes les institutions en contradiction avec cette Église soi-disant primitive, mais en réalité toute nouvelle. Pour Münzer, le royaume de Dieu n'était pas autre chose qu'une société où il n'y aurait plus aucune différence de classes, aucune propriété privée, aucun pouvoir d'État autonome, étranger aux membres de la société. Toutes les autorités existantes, si elles refusaient de se soumettre et d'adhérer à la révolution, devaient être renversées ; tous les travaux et les biens devaient être mis en commun et l'égalité la plus complète régner. Une ligue devait être fondée pour réaliser ce programme non seulement dans toute l'Allemagne, mais dans l'ensemble de la chrétienté. Les princes et les nobles seraient invités à se joindre à elle ; s'ils s'y refusaient, la ligue, à la première occasion, les renverserait les armes à la main ou les tuerait.

Münzer se mit immédiatement à l'œuvre pour organiser cette ligue. Ses prêches prirent un caractère encore plus violent, plus révolutionnaire. Ne se bornant plus à attaquer les prêtres, il tonnait avec la même fougue contre les princes, la noblesse, le patriciat. Il dépeignait sous les couleurs les plus ardentes l'oppression existante et y opposait le tableau imaginaire du règne millénaire de l'égalité sociale et républicaine. En même temps, il publiait un pamphlet révolutionnaire après l'autre et envoyait des émissaires dans toutes les directions, pendant que lui-même organisait la ligue à Allstedt et dans les environs.

Le premier résultat de cette propagande fut la destruction de la chapelle de la Vierge à Mellerbach, près d'Allstedt, d'après le commandement : « Vous détruirez leurs autels, briserez leurs colonnes, et brûlerez leurs idoles, car vous êtes un peuple saint » (Deutéronome, 7,6) [1]. Les princes saxons se rendirent eux-mêmes à Allstedt pour calmer la révolte et convoquèrent Münzer à leur château. Il s'y rendit et y fit un sermon comme ils n'en avaient certainement jamais entendu de semblable de la bouche de Luther, « la viande douillette de Wittenberg [2] », comme l'appelait Münzer. Il déclara, s'appuyant sur le Nouveau Testament, qu'il fallait tuer les souverains impies, surtout les prêtres et les moines, qui traitent l'Évangile comme une hérésie. Car les impies n'ont aucun droit à la vie, et ils ne vivent que par la grâce des élus. Si les princes n'exterminent pas les impies, Dieu leur retirera l'épée, *car la puissance de l'épée appartient à la communauté.* La sentine de l'usure, du vol et du brigandage, ce sont les princes et les seigneurs qui font de toutes les créatures vivantes leur propriété : les poissons dans l'eau, les oiseaux dans le ciel, les plantes sur la terre. Et ensuite, ils prêchent aux pauvres le commandement : Tu ne voleras pas ! Mais eux-mêmes s'emparent de tout ce qui tombe entre leurs mains, ils grugent et exploitent le paysan et l'artisan ; cependant dès qu'un pauvre s'en prend à quoi que ce soit, il est pendu, et, à tout cela, le docteur « Menteur [1] » dit : Amen !

> « Ce sont les seigneurs eux-mêmes qui sont responsables de ce que les pauvres deviennent leurs ennemis. S'ils se refusent à supprimer la cause de la révolte, comment veulent-ils supprimer la révolte elle-même ? Ah ! mes chers seigneurs,

---

[1] 5e Livre de Moïse, 7, 5-6.

[2] Partie du titre de la réponse de Münzer à Luther en 1524.

> comme le Seigneur frappera joliment parmi les vieux pots avec une barre de fer ! Si vous me dites, à cause de cela, que je suis rebelle, eh bien, soit, je suis un rebelle ! » (Voir Zimmermann, *La Guerre des paysans,* t. II, p. 75.)

Münzer fit imprimer son sermon. Par punition, son imprimeur d'Allstedt fut contraint par le duc Jean de Saxe à quitter le pays ; quant à Münzer lui-même, ses écrits durent désormais être obligatoirement soumis à la censure du gouvernement du duc de Weimar. Mais il ne tint aucun compte de cet ordre. Aussitôt après, il fit imprimer dans la ville impériale de Mulhausen un manifeste d'une violence extrême, où il demandait au peuple d'

> « ouvrir tout grand le trou, afin que le monde entier puisse se rendre compte qui sont nos gros bonnets qui ont assez blasphémé Dieu pour en faire un petit bonhomme peint », et qu'il terminait par ces paroles : « Le monde entier doit supporter un grand choc. Il va commencer un jeu tel que les impies seront renversés et que les humbles seront élevés [2] »

En guise d'exergue à son manifeste « Thomas Münzer au marteau » écrivait :

---

[1] Jeu de mots intraduisible en français. Menteur se dit en allemand Lügner. Cela désigne évidemment Luther.

[2] Voir ZIMMERMANN, *ouv. cité*, 2e partie, pp. 77-78.

> « Écoute, j'ai placé mes paroles dans ta bouche, je t'ai placé aujourd'hui au-dessus des hommes et au-dessus des empires afin que tu déracines, brises, disperses et renverses, que tu construises et que tu plantes. Un mur de fer contre les rois, les princes, les prêtres et contre le peuple est érigé. Qu'ils se battent ! La victoire est merveilleuse qui entraîne la ruine des puissants tyrans impies. »

La rupture de Münzer avec Luther et son parti était depuis longtemps un fait accompli. Luther avait même été obligé d'accepter un certain nombre de réformes du culte que Münzer avait introduites de lui-même, sans le consulter. Il observait l'activité de Münzer avec la méfiance soupçonneuse du réformateur modéré à l'égard du parti plus énergique qui pousse en avant. Dès le printemps de 1524, Münzer avait écrit à Melanchton, ce modèle du casanier maladif, du philistin que ni lui, ni Luther ne comprenaient rien au mouvement, et qu'ils s'efforçaient de l'étouffer dans la croyance littérale en la Bible. Toute leur doctrine était vermoulue.

> « Chers frères, assez d'attente et d'hésitation! Il est temps. L'été frappe à nos portes. Rompez votre amitié avec les impies, ils empêchent la parole de Dieu d'agir avec toute sa force. Ne flattez pas vos princes, sinon vous vous condamnerez à la

ruine avec eux. Doux savants, ne m'en veuillez pas, il m'est impossible de parler autrement [1]. »

À maintes reprises, Luther provoque Münzer à la controverse orale, mais celui-ci, prêt à entreprendre à n'importe quel moment la lutte devant le peuple, n'avait pas la moindre envie de se laisser entraîner à une dispute théologique devant le public partial de l'université de Wittenberg. Il ne voulait pas « porter témoignage de l'Esprit uniquement devant l'Université [2] ». Si Luther était sincère, il n'avait qu'à utiliser l'influence dont il disposait pour faire cesser les chicanes contre les imprimeurs de Münzer et mettre fin à la censure qui pesait sur ses écrits, afin que la lutte pût se poursuivre librement dans la presse.

Cette fois, après la parution du pamphlet révolutionnaire de Münzer cité plus haut, Luther le dénonça publiquement. Dans sa *Lettre aux princes de Saxe contre l'esprit rebelle*, il proclama que Münzer était un instrument de Satan et demanda aux princes d'intervenir et de chasser du pays les fomentateurs de révoltes, étant donné qu'ils ne se contentaient pas de répandre leurs mauvais enseignements, mais appelaient à l'insurrection et à la résistance armée contre les autorités.

---

[1] *Ibid.* p. 76, Lettre de Luther à Melanchton du 29 mars 1524.

[2] *Ibid.* p. 7.

Le 1er août, Münzer fut convoqué au château de Weimar pour répondre devant les princes de l'accusation de menées séditieuses. Il y avait à sa charge un certain nombre de faits extrêmement compromettants. On avait découvert sa ligue secrète, on avait décelé son activité dans les associations de mineurs et de paysans. On le menaça de bannissement. À peine de retour à Allstedt, il apprit que le duc Georges de Saxe exigeait qu'on le lui livrât. Des lettres de la ligue écrites de sa main avait été saisies, lettres dans lesquelles il appelait les sujets de Georges à la résistance armée contre les ennemis de l'Évangile. S'il n'avait pas quitté la ville à temps, le Conseil l'eût livré.

Entre temps, l'agitation croissante parmi les plébéiens et les paysans avait considérablement facilité la propagande de Münzer, pour laquelle il avait trouvé de très précieux agents chez les anabaptistes. Cette secte, sans dogmes positifs bien définis, dont l'hostilité commune à toutes les classes dominantes et le symbole commun du second baptême maintenaient seuls la cohésion, d'une rigueur ascétique dans ses mœurs, inlassable, fanatique, menant sans crainte l'agitation, s'était de plus en plus groupée autour de Münzer. Exclus par les persécutions de toute résidence fixe, les anabaptistes parcouraient toute l'Allemagne et proclamaient partout la nouvelle doctrine, avec laquelle Münzer leur avait donné conscience de leurs besoins et de leurs aspirations. On ne saurait compter ceux qui furent torturés, brûlés ou exécutés, mais leur courage et la ténacité de ces émissaires restèrent inébranlables, et le succès de leur activité, étant donné l'agitation croissante du peuple, fut immense. C'est ce qui explique qu'au moment de sa fuite de Thuringe Münzer trouva partout le terrain préparé. Il pouvait désormais aller où il lui plaisait.

Près de Nuremberg, où il se rendit tout d'abord[1], une révolte paysanne venait d'être, un mois à peine auparavant, étouffée dans l'œuf. Münzer y fit de l'agitation clandestine. Bientôt entrèrent en scène des hommes qui défendirent ses idées théologiques les plus hardies sur le caractère non obligatoire de la Bible et sur la nullité des sacrements, affirmèrent que le Christ n'était qu'un homme, et déclarèrent impie le pouvoir temporel. « On reconnaît là l'action de Satan, l'Esprit d'Allstedt![1] » s'écria Luther. C'est à Nuremberg que Münzer fit imprimer sa réponse à Luther. Il l'accusait directement de flatter les princes et de soutenir, en fait, par ses hésitations, le parti réactionnaire. « Mais, ajoutait-il, le peuple se libèrera cependant, et, à ce moment-là, le docteur Luther sera comme un renard pris au piège. » — Par ordre

[1] En réalité il se rendit d'abord à Muhlhausen d'où il fut chassé en septembre 1524 pour avoir participé à des troubles.

du Conseil cet écrit fut confisqué, et Münzer dut quitter Nuremberg.

Traversant la Souabe, il se rendit en Alsace, puis en Suisse, et revint dans le sud de la Forêt-Noire où l'insurrection avait éclaté depuis plusieurs mois déjà, hâtée en grande partie par ses émissaires anabaptistes. Ce voyage de propagande de Münzer contribua manifestement d'une façon essentielle à l'organisation du Parti populaire, à la fixation nette de ses revendications et finalement à l'insurrection générale d'avril 1525. La double activité de Münzer, pour le peuple d'une part, auquel il s'adressait dans le langage du prophétisme religieux, le seul qu'il fût capable de comprendre à l'époque, et d'autre part pour les initiés, avec lesquels il pouvait ouvertement s'entretenir de ses véritables buts, se manifeste ici très nettement. Si déjà en Thuringe il avait groupé autour de lui et placé à la tête de la ligue secrète un groupe d'hommes des plus décidés, issus non seulement du peuple, mais aussi du bas clergé, dans la Forêt-Noire, il devient le centre de tout le mouvement révolutionnaire de l'Allemagne du Sud-Ouest. Il organise la liaison de la Saxe et de la Thuringe, par la Franconie et la Souabe, jusqu'en Alsace et à la frontière suisse, et compte parmi ses disciples et parmi les chefs de la ligue les agitateurs de l'Allemagne du

---

1 Voir ZIMMERMANN, *ouv. cité*, 2e partie, p. 81.

Sud, tels que Hubmaier à Waldshut, Konrad Grebel à Zurich, Franz Rabmann à Griessen, Schappeler à Memmingen, Jakob Wehe à Leipheim, le docteur Mantel à Stuttgart, la plupart ecclésiastiques révolutionnaires. Lui-même résidait généralement à Griessen, à la limite du canton de Schaffhouse, d'où il entreprenait des tournées à travers le Hegau, le Klettgau, etc. Les persécutions sanglantes que les princes et les seigneurs inquiets entreprirent partout contre cette nouvelle hérésie plébéienne contribuèrent fortement à attiser l'esprit de rébellion et à renforcer l'association. C'est ainsi que Münzer fit de l'agitation pendant cinq mois environ dans l'Allemagne du Sud. Quelque temps avant qu'éclatât la conspiration, il revint en Thuringe, d'où il voulait diriger la révolte et où nous le retrouverons plus tard.

Nous verrons à quel point le caractère et la conduite des deux chefs de partis reflètent exactement l'attitude de leurs partis réciproques ; comment l'indécision de Luther, sa crainte devant le sérieux que prenait le mouvement, sa lâche servilité devant les princes, correspondaient parfaitement à la politique hésitante, équivoque de la bourgeoisie ; et comment l'énergie et la fermeté révolutionnaire de Münzer se retrouvent dans la fraction la plus avancée des plébéiens et des paysans. La seule différence est que, tandis que Luther se contentait d'exprimer les conceptions et les aspirations de la majorité de sa classe, et d'acquérir ainsi auprès d'elle une popularité à bon compte, Münzer, au contraire, dépassait de beaucoup les idées et les revendications immédiates des paysans et des plébéiens. Il forma avec l'élite des éléments révolutionnaires un parti qui, d'ailleurs, dans la mesure où il était à la taille de ses idées et possédait son énergie, ne représenta jamais qu'une petite minorité dans la masse des insurgés.

III

[PRODROMES DE LA GUERRE DES PAYSANS ENTRE 1476 ET 1517]

Cinquante ans environ après la répression du mouvement hussite, se manifestèrent les premiers symptômes de l'esprit révolutionnaire qui germait chez les paysans allemands [1].

C'est dans l'évêché de Wurzbourg, région que la guerre des hussites, « les mauvais gouvernements, les nombreux

[1] Pour les données chronologiques, nous suivons les indications de Zimmermann, les seules dont nous disposons étant donné l'absence de sources satisfaisantes à l'étranger ; pour le but de cet article elles suffisent parfaitement. (*Note d'Engels.*)

impôts, les taxes, les dissensions, les hostilités, la guerre, l'incendie, le meurtre, la prison, etc. [1] » avaient déjà appauvrie et que continuellement les évêques, les prêtres et les nobles pillaient sans vergogne, qu'éclata en 1476 la première révolte paysanne. Un jeune pâtre et musicien, *Hans Böheim de Niklashausen,* appelé également Jean le Timbalier et *Jean le Joueur de fifre,* entra subitement en scène comme prophète dans la vallée de la Tauber. Il racontait que la Vierge Marie lui était apparue et qu'elle lui avait ordonné de brûler son tambourin, de cesser de s'adonner à la danse et aux autres plaisirs coupables, et d'exhorter au contraire le peuple à la pénitence. Chacun devait renoncer à ses péchés et aux vanités de ce monde, quitter toute parure et tout ornement, et se rendre en pèlerinage auprès de la Vierge, à Niklashausen, pour obtenir le pardon de ses péchés.

Nous trouvons déjà ici, chez le premier précurseur du mouvement, cet ascétisme que nous rencontrons dans toutes les révoltes teintées de religion du moyen âge, ainsi que dans les temps modernes au début de chaque mouvement prolétarien. Cette rigueur de mœurs ascétique, cette exigence de renonciation à toutes les jouissances et à tous les plaisirs de l'existence établissent d'une part, en face des classes dominantes, le principe de l'égalité spartiate, et cons-

[1] Voir ZIMMERMANN, *ouv. cité*, 1re partie, p. 118.

tituent d'autre part une étape de transition nécessaire, sans laquelle la couche inférieure de la société ne peut jamais se mettre en mouvement. Pour développer son énergie révolutionnaire, pour acquérir une conscience claire de sa position hostile à l'égard de tous les autres éléments de la société, pour se concentrer elle-même en tant que classe, elle doit commencer par rejeter tout ce qui pourrait la réconcilier avec le régime social existant, renoncer aux rares plaisirs qui lui font encore momentanément supporter son existence opprimée, et que même l'oppression la plus dure ne peut lui arracher. *Cet ascétisme plébéien et prolétarien* se distingue absolument par sa forme farouchement fanatique comme par son contenu, de l'ascétisme bourgeois, tel que le prêchaient la morale bourgeoise luthérienne et les puritains anglais (à la différence des indépendants [1] et des sectes plus avancées), et dont tout le secret réside dans l'esprit d'épargne bourgeois. Il va d'ailleurs de soi que cet ascétisme plébéien et prolétarien perd son caractère révolutionnaire au fur et à mesure que, d'une part, le développement des forces de production modernes multiplie à l'infini les objets de jouissance, rendant ainsi superflue l'égalité spartiate, et que, d'autre part, la situation sociale du prolétariat, et par conséquent le prolléta-

---

[1] Les indépendants constituaient l'aile radicale du puritanisme. Au début de la révolution du XVIIe siècle, ils formèrent un parti politique représentant les intérêts de la bourgeoisie moyenne de l'industrie et du commerce. Sous la poussée des masses, ils firent exécuter le roi, proclamèrent la république (1649) et finalement donnèrent le pouvoir à Cromwell (1653).

riat lui-même, deviennent de plus en plus révolutionnaires. Cet ascétisme disparaît dès lors peu à peu dans les masses et se perd dans les sectes qui s'y obstinent, soit directement dans la ladrerie bourgeoise, soit dans une emphatique chevalerie de la vertu, qui en pratique aboutit également à une avarice de petits bourgeois ou d'artisans bornés. Il est d'autant moins nécessaire de prêcher la renonciation à la masse des prolétaires qu'ils ne possèdent presque plus rien à quoi ils puissent encore renoncer.

Les sermons de pénitence de Jean le Joueur de fifre eurent un succès considérable. Tous les prophètes de l'insurrection commencèrent par là et en effet, seuls un effort violent, une renonciation brusque à son genre de vie habituel pouvaient mettre en mouvement cette masse paysanne dispersée, clairsemée, grandie dans la soumission aveugle. Les pèlerinages à Niklashausen commencèrent et prirent rapidement une grande extension ; et plus le peuple y affluait en masse, plus le jeune rebelle exposait ouvertement ses projets. La Vierge de Niklashausen lui avait annoncé, disait-il, que dorénavant il ne devait plus y avoir d'empereur, ni de prince, ni de pape, ni d'autres autorités spirituelles ou temporelles. Les hommes seraient désormais des frères. Ils gagneraient leur pain grâce au travail de leurs mains et aucun ne posséderait plus que son voisin. Tous les cens, redevances, corvées, douanes, impôts et autres taxes et prestations seraient supprimés pour l'éternité, et les bois, les rivières et les prairies seraient partout libres.

Le peuple accueillit avec enthousiasme le nouvel Évangile. La renommée du prophète, « le message de Notre-Dame », se répandit rapidement au loin. De l'Odenwald, du Main, du Kocher et de la Jagst, même de la Bavière, de la Souabe et du Rhin affluèrent vers lui des foules de pèlerins. On se racontait les miracles qu'il aurait accomplis, on s'agenouillait devant lui et on l'adorait comme un saint. On s'arrachait les touffes de son bonnet, comme si c'étaient des reliques ou des amulettes. En vain les prêtres intervenaient-ils contre lui et décrivaient-ils ses visions comme des fantasmagories diaboliques et ses miracles comme des duperies infernales. La masse des croyants s'accroissait impétueusement. La secte révolutionnaire commença à se constituer. Les prêches dominicaux du pâtre rebelle réunirent à Niklashausen des assemblées de plus de 40 000 personnes.

Pendant plusieurs mois, Jean le Joueur de fifre prêcha devant les masses. Mais il n'avait pas l'intention de s'en tenir aux sermons. Il entretenait des rapports secrets avec le curé de Niklashausen et avec deux chevaliers, Kunz von Thunfeld et son fils, qui s'étaient ralliés à la nouvelle doctrine et devaient être les chefs militaires de l'insurrection projetée. Enfin, le dimanche avant la Saint-Cilian, sa puissance lui paraissant suffisamment établie, il donna le signal du mouvement. En terminant son prêche, il déclara :

> « Et maintenant, rentrez chez vous et réfléchissez à ce que la très sainte Mère de Dieu vous a annoncé : samedi prochain, laissez à la maison les femmes, les enfants et les vieillards, mais vous, les hommes, revenez ici à Niklashausen, le jour de la sainte Marguerite, c'est-à-dire samedi prochain, et amenez avec vous vos frères et vos amis, quel qu'en soit le nombre. Cependant ne venez pas avec votre bâton de pèlerin, mais en armes, dans une main le cierge, dans l'autre l'épée, la pique ou la hallebarde. Et la sainte Vierge vous dira ce qu'elle veut que vous fassiez [1]. »

Toutefois avant l'arrivée en masse des paysans, les cavaliers de l'évêque [2] avaient déjà enlevé pendant la nuit le prophète de l'insurrection et l'avaient interné au château de Wurzbourg. Au jour fixé, près de 34 000 paysans en armes se rassemblèrent, mais la nouvelle de cet enlèvement les abattit. La plus grande partie se dispersa. Les initiés en groupèrent environ 16 000 et se rendirent avec eux devant le château, sous la direction de Kunz von Thunfeld et de son fils Michael. L'évêque les amena, à force de promesses, à se

---

1 Voir ZIMMERMANN, *ouv. cité*, 1re partie, pp. 121-122.

2 Rudolf II de Scherenberg.

retirer ; mais à peine avaient-ils commencé à se disperser qu'ils furent traîtreusement assaillis par les cavaliers de l'évêque, et un certain nombre d'entre eux faits prisonniers. Deux furent décapités, Jean le Joueur de fifre lui-même fut brûlé. Kunz von Thunfeld dut s'enfuir et n'obtint la permission de rentrer au pays qu'en cédant la totalité de ses biens à l'évêché. Les pèlerinages à Niklashausen continuèrent quelque temps encore, mais furent finalement interdits aussi.

Après cette première tentative, l'Allemagne se calma pendant assez longtemps. Ce n'est qu'à la fin des années 1490-1500 que commencèrent de nouvelles révoltes et conjurations paysannes.

Nous ne nous étendrons pas sur la révolte paysanne hollandaise de 1491-92 qui ne fut enfin réprimée que par le duc Albert de Saxe, à la bataille de Heemskerk ; ni sur la révolte qui éclata au cours de la même année chez les paysans de l'abbaye de Kempten, en Haute-Souabe ; ni sur l'insurrection des paysans frisons sous la direction de Syaard Aylva, en 1497, qui fut également réprimée par Albert de Saxe. Ces révoltes, ou bien éclatèrent trop loin du théâtre de la véritable Guerre des paysans, ou bien ne furent que de simples luttes des paysans libres contre la tentative de les soumettre de force au féodalisme. Nous passerons immédiatement aux deux grandes conjurations qui préparèrent la Guerre des paysans : celles du *Bundschuh* et du *Pauvre Conrad*.

La même disette qui avait provoqué, dans les Pays-Bas, la révolte des paysans, amena en 1493 la constitution en Alsace d'une ligue secrète de paysans et de plébéiens, à laquelle participèrent également des éléments de l'opposition purement bourgeoise, et avec laquelle sympathisait même plus ou moins une partie de la petite noblesse. Le siège de la ligue était la région de Sélestat, Soultz, Dambach, Rosheim, Scherwiller, etc. Les conjurés demandaient le pillage et l'extermination des Juifs, dont l'usure pressurait déjà, à cette époque comme aujourd'hui encore, les paysans alsaciens ; l'introduction d'une année jubilaire, où toutes les dettes seraient annulées ; la suppression des droits de douanes, accises et autres charges fiscales, de la justice ecclésiastique et du tribunal impérial de Rottweil[1] ; le droit de vote des impôts ; la réduction du revenu des prêtres à une prébende de 50 à 60 florins ; la suppression de la confession auriculaire et le droit pour chaque communauté, d'élire ses propres tribunaux. Le plan des conjurés était de s'emparer par surprise, dès qu'on serait suffisamment forts, de la forteresse de Sélestat, de confisquer les caisses de la ville et des monastères, et de soulever de là toute l'Alsace. La bannière de l'association, qui devait être déployée au moment de l'insurrection, portait un soulier de paysan, avec de longues lanières : le *Bundschuh,* qui désormais donna son nom et son symbole à toutes les conjurations paysannes des 20 années suivantes.

Les conjurés avaient coutume de tenir leurs réunions la nuit sur le mont solitaire Hungerberg. L'entrée dans la ligue était accompagnée des cérémonies les plus mystérieuses et des menaces de châtiments les plus sévères contre les traîtres. Cependant, l'affaire s'ébruita juste à la veille du coup contre Sélestat, pendant la semaine sainte de l'année 1493. Les autorités intervinrent rapidement. Un grand nombre de conjurés furent arrêtés et mis à la torture. Les uns furent écartelés ou décapités, les autres furent amputés des mains ou des doigts et chassés du pays. Un grand nombre s'enfuit en Suisse.

Mais ce premier démantèlement n'anéantit en aucune façon le *Bundschuh.* Au contraire, il continua à subsister clandestinement, et les nombreux réfugiés dispersés à travers la Suisse et l'Allemagne du Sud devinrent autant

---

[1] Le tribunal de Rottweil était l'une des six juridictions impériales. Son ressort s'étendait sur une partie du Wurtemberg, sur le Bade et l'Alsace. Les juges étaient pratiquement des nobles et se transmettaient

d'émissaires qui, rencontrant partout, avec la même oppression, le même penchant à la révolte, étendirent le *Bundschuh* à tout le territoire badois actuel. On ne peut s'empêcher d'admirer la ténacité et la constance avec lesquelles les paysans de l'Allemagne du Sud conspirèrent pendant près de trente ans, à partir de 1493, surmontèrent toutes les difficultés provenant de leur état de dispersion et s'opposant à la constitution d'une vaste organisation centralisée, et, après de nombreux démantèlements, défaites et exécutions de leurs chefs, renouèrent chaque fois les fils de la conspiration, jusqu'au jour de l'insurrection générale.

En 1502, se manifestèrent, dans l'évêché de Spire, qui englobait alors également la région de Bruchsal, les symptômes d'un mouvement clandestin parmi les paysans. Le *Bundschuh* s'y était réorganisé avec un succès vraiment considérable. Près de 7 000 hommes faisaient partie de l'organisation, dont le centre était à Untergrombach, entre Bruchsal et Weingarten, et dont les ramifications s'étendaient en descendant le Rhin jusqu'au Main et jusqu'au-delà du margraviat de Bade. Son programme contenait les points suivants : refus du paiement du cens, des dîmes, des impôts et douanes aux princes, seigneurs et prêtres ; abolition du servage ; confiscation des cloîtres et autres *biens ecclésiastiques*

la charge par hérédité.

et partage de ceux-ci entre les gens du peuple ; plus d'autre maître que l'empereur.

Nous trouvons ici pour la première fois, chez les paysans, la revendication de la sécularisation des biens du clergé au profit du peuple et celle de la monarchie allemande une et indivisible, deux revendications qui dès lors réapparaissent régulièrement au sein de la fraction la plus avancée des paysans et des plébéiens, jusqu'à ce que Thomas Münzer substitue au *partage* des biens d'Église leur *confiscation* au profit de la *communauté des biens* et *à l'Empire* allemand uni, la *République* une et indivisible.

Le Bundschuh rénové avait, comme l'ancien, son lieu de réunion secret, son serment de discrétion absolue, ses cérémonies d'admission et son étendard portant l'inscription : « Rien que la justice de Dieu ! » Le plan d'action était à peu près le même que celui des Alsaciens : on s'emparerait par surprise de Bruchsal, dont la majorité de la population faisait partie de la ligue, on y organiserait une armée qui serait ensuite envoyée comme centre de ralliement mobile dans les principautés environnantes.

Le plan fut trahi par un ecclésiastique auquel un des conjurés s'était confessé. Les gouvernements prirent immédiatement des mesures de représailles. À quel point l'organisation avait des ramifications lointaines, c'est ce qui ressort de la panique qui s'empara des divers États impériaux d'Alsace et de la Ligue souabe [1]. On rassembla des troupes et l'on procéda à des arrestations en masse. L'empereur Maximilien, le « dernier chevalier », édicta les ordonnances les plus sanguinaires pour châtier l'entreprise inouïe des paysans. Çà et là, il y eut des attroupements et de la résistance armée, mais les bandes paysannes dispersées ne tinrent pas longtemps. Une partie des conjurés furent exécutés, un grand nombre s'enfuirent ; mais le secret fut si bien gardé que la plupart, même le chef, purent rester tranquillement soit dans leur propre localité, soit dans les pays voisins.

Après cette nouvelle défaite un calme apparent assez long se produisit dans les luttes de classes. Mais le travail se poursuivit secrètement. En Souabe, se constitua dès les premières années du XVIe siècle, manifestement en liaison avec les membres dispersés du Bundschuh, une nouvelle ligue : le *Pauvre Conrad*. Dans la Forêt-Noire, le Bundschuh continua à subsister dans un certain nombre de petits cercles isolés, jusqu'à ce qu'au bout de dix ans un chef paysan énergique réussit à grouper à nouveau, en une grande conjura-

---

[1] La Ligue souabe, fondée en 1488, pour lutter contre le mouvement paysan et plébéien, rassemblait les princes, la noblesse et les patriciens des villes d'empire du Sud-Ouest de l'Allemagne.

tion, les différents fils du mouvement. Les deux conspirations apparurent au grand jour, peu de temps l'une après l'autre, au cours des années mouvementées de 1513 à 1515, au cours desquelles les paysans suisses, hongrois et slovènes déclenchèrent une série de soulèvements importants.

Le réorganisateur du Bundschuh de la région du Rhin supérieur était *Joss Fritz,* d'Untergrombach, un des réfugiés de la conspiration de 1502, ancien soldat et caractère remarquable à tous points de vue. Depuis sa fuite, il avait séjourné en différentes localités situées entre le lac de Constance et la Forêt-Noire, et s'était finalement établi à Lehen, près Fribourg-en-Brisgau, où il était même devenu garde-champêtre ! Comment, de là, il réorganisa l'association et avec quelle habilité il sut y faire entrer les gens les plus différents, sur ce point les pièces de l'instruction contiennent les détails les plus intéressants. Grâce à son talent diplomatique et à son inlassable persévérance, ce conspirateur modèle réussit à impliquer dans la ligue un nombre incroyable de gens appartenant aux catégories sociales les plus diverses : chevaliers, prêtres, bourgeois, plébéiens et paysans. Il semble à peu près certain qu'il organisa même plusieurs degrés, plus ou moins nettement séparés, dans la conspiration. Tous les éléments utilisables furent employés avec une prudence et une habileté extraordinaires. Outre les émissaires plus initiés qui parcouraient le pays sous les déguisements les plus divers, les chemineaux et mendiants furent employés aux missions subalternes. Joss Fritz était en rapport direct avec les rois des mendiants et tenait dans sa main, par leur intermédiaire, toute la nombreuse population des vagabonds. Ces rois des mendiants jouent un rôle considérable dans sa conspiration. C'étaient des figures extrêmement originales. L'un parcourait le pays avec une petite fille, soi-disant infirme des jambes, pour laquelle il mendiait. Il portait plus de huit insignes à son chapeau, les quatorze saints martyrs, sainte Odile, Notre-Dame, etc., avec cela, une longue barbe rousse et un grand bâton noueux, avec un poignard et un aiguillon. Un autre, qui quêtait pour saint Valentin, vendait des aromates et du semen-contra, portait une robe longue couleur de fer, une barrette rouge, avec l'enfant de Trente, une épée au côté et plusieurs couteaux ainsi qu'un poignard à la ceinture. D'autres arboraient des blessures qu'ils entretenaient artificiellement et portaient des accoutrements fantastiques du même genre. Ils étaient au moins dix. Ils devaient, pour 2 000 florins, soulever en même temps l'Alsace, le margraviat de Bade et le Brisgau et se rassembler avec au moins 2 000 des leurs, le jour de la fête patronale de Saverne, à Rosen, sous le commandement de Georg Schneider, un ancien capitaine de lansquenets, pour s'emparer de la ville. Entre les membres de la ligue proprement dits on avait établi de station à station un service d'estafettes. Joss Fritz et son principal émissaire, Stoffel de Fribourg, chevauchaient continuellement d'un endroit à l'autre, et passaient en revue pendant la nuit les nouvelles recrues. Sur l'extension de la ligue sur le cours supérieur du Rhin et dans la Forêt-Noire, les actes de l'instruction fournissent des preuves suffisantes. Ils contiennent le nom et le signalement d'un nombre incalculable d'adhérents provenant des localités les plus différentes de la région. La plupart sont des artisans, puis viennent les paysans et les aubergistes, quelques nobles, des prêtres (entre autres celui de Lehen) et des soldats licenciés. On se rend compte, rien que d'après cette composition, du caractère bien plus développé que le Bundschuh avait pris sous la direction de Joss Fritz. L'élément plébéien des villes commençait de plus en plus à compter. Les ramifications de la conspiration s'étendaient sur toute l'Alsace, le Bade actuel et jusque dans le Wurtemberg et au Main. De temps en temps de grandes assemblées se tenaient sur des montagnes écartées, sur le Kniebis, etc., où l'on discutait des affaires de la ligue. Les réunions des chefs, auxquelles assistaient fréquemment les membres de la localité ainsi que des délégués des localités éloignées, avaient lieu sur la Hartmatte, près de Lehen, et c'est là que furent adoptés les quatorze articles de l'association. Pas d'autre maître que l'empereur et (d'après quelques-uns) le pape ;

abolition du tribunal de Rottweil, limitation de la justice ecclésiastique aux affaires spirituelles ; suppression de tous les cens qui seraient payés jusqu'à concurrence de la valeur du capital ; réduction à cinq pour cent du taux maximum de l'intérêt ; liberté de la chasse, de la pêche, du pâturage et du ramassage du bois ; limitation des bénéfices à un par prêtre ; confiscation des biens ecclésiastiques et des joyaux des monastères au profit du trésor de guerre de la ligue ; suppression de tous les impôts et douanes iniques ; paix éternelle pour toute la chrétienté ; lutte énergique contre tous les ennemis de la ligue ; établissement d'un impôt spécial au profit de l'organisation ; prise d'une ville forte, Fribourg, où serait établi le siège de l'association ouverture de négociations avec l'empereur, dès que les troupes de la ligue seraient réunies, et avec la Suisse, en cas de refus de l'empereur. Tels sont les points sur lesquels on se mit d'accord. On se rend compte, d'après ce qui précède, combien d'une part les revendications des paysans et des plébéiens avaient pris un caractère de plus en plus net et ferme, et comment d'autre part on avait dû faire, dans la même mesure, des concessions aux modérés et aux hésitants.

L'insurrection devait éclater vers l'automne de 1513. Il ne manquait plus que la bannière de la ligue, et Joss Fritz se rendit à Heilbronn pour la faire peindre. Outre toutes sortes d’emblèmes et d'images, elle portait le Bundschuh, avec l'inscription suivante : « Seigneur, soutiens ta justice divine ! » Mais, pendant son absence, une tentative trop précipitée en vue de s'emparer par surprise de Fribourg fut faite et prématurément découverte. Quelques indiscrétions dans la propagande mirent le Conseil de Fribourg et le margrave de Bade sur les traces de la conspiration ; la trahison de deux conjurés compléta la série des révélations. Immédiatement le margrave, le Conseil de Fribourg et le gouvernement impérial à Ensisheim mirent en campagne leurs sbires et leurs soldats. Un certain nombre de membres du Bundschuh furent arrêtés, mis à la torture et exécutés. Cependant, cette fois encore, la plupart réussirent à s'enfuir et en particulier Joss Fritz. Les gouvernements suisses poursuivirent cette fois les réfugiés très énergiquement et en exécutèrent même plusieurs. Mais pas plus que leurs voisins ils ne purent empêcher que la plus grande partie des fugitifs restassent constamment à proximité de leur domicile et même y retournassent peu à peu. C'est le gouvernement alsacien d'Ensisheim qui se déchaîna le plus ; sur son ordre beaucoup de conjurés furent décapités, roués ou écartelés. Joss Fritz lui-même séjournait la plupart du temps sur la rive suisse du Rhin, mais il passait fréquemment en Forêt-Noire, sans qu'on pût jamais s'emparer de lui.

Les raisons pour lesquelles les Suisses s'étaient, cette fois, unis aux gouvernements voisins contre les adhérents du Bundschuh s'expliquent par l'insurrection paysanne qui éclata l'année suivante, en 1514 [1], à Berne, à Soleure et à Lucerne et qui eut en général pour résultat une épuration des gouvernements aristocratiques et du patriciat. En outre, les paysans réussirent à obtenir un certain nombre de privilèges. Si ces insurrections locales réussirent, cela est dû simplement au fait qu'en Suisse la concentration était encore plus faible qu'en Allemagne. En 1525, les paysans vinrent également partout facilement à bout de leurs seigneurs locaux, mais ils succombèrent devant les armées bien organisées des princes, et précisément de telles armées n'existaient pas en Suisse.

En même temps que le Bundschuh dans le Bade et manifestement en liaison directe avec lui, s'était constituée dans le Wurtemberg une seconde conspiration. Les documents prouvent qu'elle existait déjà en 1503, et, comme le nom de Bundschuh était trop dangereux depuis le démantèlement du centre d'Untergrombach, elle prit le nom de Pauvre Conrad. Son siège principal était la vallée de la Rems, au pied des montagnes de Hohenstaufen. Son existence n'était plus un secret depuis longtemps, du moins parmi le peuple.

[1] ZIMMERMANN (*ouv. cité*, 1re partie, pp. 182-190) donne la date de 1513.

L'oppression impitoyable que faisait peser sur les paysans le gouvernement du duc Ulrich, ainsi qu'une série d'années de famine, qui contribuèrent puissamment à provoquer les mouvements de 1513 et de 1514, avaient renforcé le nombre des ligueurs. Les nouveaux impôts sur le vin, la viande et le pain, ainsi qu'un impôt sur le capital d'un pfennig par an et par florin, provoquèrent l'explosion. On devait tout d'abord s'emparer de la ville de Schlöndorff, où se réunissaient les chefs de la conspiration, dans la maison du coutelier Kaspar Pregizer. L'insurrection éclata au printemps de 1514. Trois mille paysans, 5 000 d'après d'autres, marchèrent sur la ville, mais les bonnes promesses des fonctionnaires du duc les décidèrent à se retirer. Le duc Ulrich accourut avec quatre-vingts cavaliers, après avoir promis la suppression des nouveaux impôts, et il trouva du fait de cette promesse le calme qui régnait partout. Il promit également de convoquer une diète chargée d'examiner toutes les doléances. Mais les chefs de l'association se rendaient parfaitement compte qu'Ulrich n'avait d'autre but que de maintenir le calme dans le peuple, jusqu'à ce qu'il eût recruté et rassemblé suffisamment de troupes pour pouvoir violer sa parole et prélever de force les impôts. C'est pourquoi, de la maison de Kaspar Pregizer, « la chancellerie du Pauvre Conrad », ils lancèrent des appels à un congrès de la ligue, qu'appuyèrent des émissaires envoyés dans toutes les directions. Le succès du premier soulèvement dans la vallée de la Rems avait eu pour résultat de développer partout le mouvement dans le peuple. C'est pourquoi les messages et les émissaires rencontrèrent partout un accueil favorable et le congrès, qui se réunit le 28 mai à Unterturkheim, groupa de nombreux délégués venus de toutes les parties du Wurtemberg. On décida de poursuivre sans trêve l'agitation et, à la première occasion, de frapper un grand coup dans la vallée de la Rems pour de là étendre l'insurrection dans tout le pays. Tandis que Bantelhans de Dettingen, un ancien soldat, et Singerhans de Wurtingen, un paysan notable, apportaient à la ligue l'adhésion de la Haute-Souabe, l'insurrection éclatait déjà de tous côtés. Singerhans fut certes surpris et fait prisonnier, mais les villes de Backnang, Winnenden, Markgroenningen tombèrent aux mains des paysans alliés aux plébéiens, et toute la contrée, de Weinsberg à Blaubeuren, et de là jusqu'à la frontière badoise, était en insurrection ouverte. Ulrich dut céder. Tout en convoquant la diète pour le 25 juin, il écrivit en même temps aux princes voisins et aux villes libres pour leur demander leur appui contre l'insurrection, qui mettait en danger tous les princes et les autorités et notabilités de l'Empire et « affectait une ressemblance étrange avec le Bundschuh ».

Entre temps, la diète, c'est-à-dire les représentants des villes et un grand nombre de délégués des paysans, qui réclamaient également des sièges au Landtag, se réunit dès le 18 juin à Stuttgart. Les prélats n'étaient pas encore arrivés. Quant aux chevaliers, ils n'avaient même pas été invités. L'opposition citadine de Stuttgart, ainsi que deux bandes de paysans menaçantes à proximité, à Leonberg et dans la vallée de la Rems, appuyèrent les revendications des paysans. On décida d'accepter leurs délégués et de destituer et de châtier les trois conseillers haïs du duc : Lamparter, Thumb et Lorcher, d'adjoindre au duc un conseil composé de quatre chevaliers, de quatre bourgeois et de quatre paysans, de lui accorder une liste civile fixe et de confisquer, au profit du trésor de l'État, les cloîtres et les abbayes.

Le duc Ulrich répondit à ces décisions révolutionnaires par un coup de force. Le 21 juin il se rendit avec ses chevaliers et ses conseillers à Tübingen, où les prélats le suivirent, ordonna aux bourgeois de s'y rendre également, ce qu'ils firent, et y continua les séances de la diète sans les paysans. Là les bourgeois, placés sous la terreur militaire, trahirent leurs alliés les paysans. Le 8 juillet fut conclu l'accord de Tübingen, qui imposait au pays la charge de près d'un million de dettes ducales, au duc certaines restrictions qu'il ne respecta d'ailleurs pas, et payait les paysans de quelques minces et vagues promesses et d'une loi pénale très positive contre la sédition et les associations. De représentation des paysans à la diète, il ne fut naturellement plus question. Les paysans crièrent à la trahison, mais comme le duc, depuis le transfert de ses dettes aux états, avait de nouveau du crédit, il rassembla rapidement des troupes, auxquelles s'adjoignirent celles que lui envoyèrent ses voisins, particulièrement l'électeur du Palatinat. C'est ainsi que, avant la fin de juillet, l'accord de Tübingen fut accepté par tout le pays et le nouveau serment de fidélité prêté. Ce n'est que dans la vallée de la Rems que le Pauvre Conrad opposa quelque résistance. Le duc, qui s'y rendit de nouveau lui-même, faillit être assassiné et un camp de paysans se constitua sur le Kappelberg. Mais comme l'affaire traînait en longueur, la plupart des insurgés se dispersèrent par suite du manque de vivres, et peu après, le reste s'éloigna également après avoir signé un accord équivoque avec quelques membres de la diète. Ulrich, dont l'armée s'était renforcée entre temps des contingents mis à sa disposition par les villes qui, leurs revendications étant maintenant satisfaites, se retournaient avec fanatisme contre les paysans, se jeta malgré l'accord sur la vallée de la Rems, dont les villes et les villages furent livrés au pillage : 1 600 paysans furent faits prisonniers, 16 d'entre eux furent immédiatement décapités, les autres condamnés pour la plupart à des amendes considérables au profit d'Ulrich. Un grand nombre furent maintenus longtemps en prison. On édicta des lois sévères pour empêcher la reconstitution de l'association et de toutes les assemblées paysannes, et la noblesse souabe conclut une alliance spéciale pour réprimer toute tentative d'insurrection. Cependant, les principaux chefs du Pauvre Conrad avaient réussi à s'enfuir en Suisse, d'où ils retournèrent chez eux pour la plupart isolément, au bout de quelques années.

En même temps que se produisait le mouvement wurtembergeois, se manifestaient des symptômes de nouvelles menées du Bundschuh dans le Brisgau et le margraviat de Bade. À Buhl, une tentative d'insurrection eut lieu au mois de juin, mais elle fut immédiatement dispersée par le margrave Philippe. Le chef du mouvement, Gugel-Bastian, fut arrêté et décapité à Fribourg.

Cette même année 1514, au printemps également, une guerre générale des paysans éclata en *Hongrie.* On prêchait une croisade contre les Turcs et, comme d'habitude, on promit la liberté aux serfs et aux corvéables qui accepteraient de s'engager parmi les croisés. Près de 60 000 paysans se réunirent et furent placés sous le commandement de

Georg Dósza, un Székler [1], qui s'était déjà distingué au cours de précédentes campagnes contre les Turcs et y avait gagné un titre de noblesse. Mais les chevaliers et les magnats hongrois voyaient d'un mauvais œil cette croisade qui menaçait de leur enlever leur propriété, leurs serfs. Ils poursuivirent les bandes paysannes isolées et ramenèrent de force leurs serfs chez eux en les maltraitant. Lorsque la nouvelle en parvint à l'armée des croisés, la fureur des paysans opprimés éclata. Deux des plus ardents des prédicateurs de la croisade, Laurentius et Barnabás, attisèrent dans l'armée, par leurs discours révolutionnaires, la haine contre la noblesse. Dósza lui-même partageait l'indignation de ses troupes à l'égard de la trahison des nobles. L'année des croisés se transforma en une armée révolutionnaire, et il se mit à la tête de ce nouveau mouvement.

Il établit avec ses paysans son camp sur le Rákos, près de Pest. Les hostilités furent ouvertes par des bagarres avec des gens du parti de la noblesse dans les villages environnants et dans les faubourgs de Pest. Bientôt on en vint à des escarmouches, puis finalement à des vêpres siciliennes pour tous les nobles qui tombèrent entre les mains des paysans et à l'incendie de tous les châteaux environnants. La cour menaça, mais en vain. Lorsque la première sentence de la jus-

[1] Hongrois de Transylvanie.

tice populaire eut été exécutée sur des nobles sous les murs de la capitale, Dósza passa à d'autres opérations. Il partagea son armée en cinq colonnes. Deux furent envoyées dans les montagnes de la Haute-Hongrie, pour soulever tout le pays et anéantir la noblesse. La troisième, sous le commandement d'Ambros Szàleresi, un bourgeois de Pest, resta sur le Rákos pour surveiller la capitale. La quatrième et la cinquième furent conduites par Dósza et son frère Gregor contre Szegedin.

Entre temps, la noblesse s'était rassemblée à Pest. Elle appela à l'aide le voïvode de Transylvanie, Johann Zápolya. La noblesse alliée aux bourgeois de Budapest, battit et anéantit le corps campé sur le Rákos, après que Száleresi, avec les éléments bourgeois de l'armée paysanne, fut passé à l'ennemi. Une foule de prisonniers furent exécutés de la façon la plus barbare, les autres renvoyés chez eux, le nez et les oreilles coupés.

Dósza échoua devant Szegedin et marcha sur Csanád dont il s'empara, après avoir battu une armée de la noblesse commandée par Bátory István et l'évêque Csáky, et exercé sur les prisonniers, parmi lesquels se trouvaient également l'évêque et le trésorier du roi Teleki, des représailles sanglantes pour les cruautés commises sur le Rákos. À Csanád, il proclama la République, l'abolition de la noblesse, l'égalité de tous et la souveraineté du peuple, et marcha ensuite sur Temesvár, où Bátory s'était réfugié. Mais tandis qu'il assiégeait pendant deux mois cette forteresse et qu'il recevait l'appoint d'une nouvelle armée commandée par Anton Hosszu, les deux armées envoyées par lui dans la Haute-Hongrie furent battues en plusieurs combats par la noblesse et Johann Zápolya marcha contre lui à la tête de l'armée transylvanienne. Les paysans furent surpris et dispersés par Zápolya, Dósza lui-même fait prisonnier, rôti sur un trône ardent et mangé tout vif par ses propres partisans, qui n'eurent la vie sauve qu'à cette condition. Les paysans dispersés, rassemblés à nouveau par Laurentius et Hosszu, furent à nouveau battus, et tous ceux qui tombaient aux mains de l'ennemi furent empalés ou pendus. Les cadavres de paysans pendaient par milliers le long des routes ou à l'entrée des villages incendiés. Près de 60 000 auraient été soit tués, soit massacrés. Mais la noblesse eut cependant soin de confirmer à nouveau, à la diète suivante, le servage des paysans comme loi du pays.

L'insurrection paysanne dans la « marche slovène », c'est-à-dire en Carinthie, en Carniole et en Styrie, qui éclata à la même époque, avait pour base une conjuration du genre Bundschuh, qui s'était déjà constituée dès 1503 dans cette région pressurée par la noblesse et les fonctionnaires de l'Empire, ravagée par la famine et les invasions des Turcs et qui avait déjà provoqué un soulèvement. Les paysans slovènes de cette région, comme les paysans allemands, levèrent à nouveau dès 1513 l'étendard des *stara prawa* (anciens droits) et si cette année encore ils se laissèrent apaiser, si en 1514 où ils se rassemblèrent encore plus massivement, ils furent amenés à se disperser par la promesse formelle de l'empereur Maximilien de rétablir les anciens droits, la guerre de revanche du peuple toujours trompé éclata d'autant plus furieusement au printemps 1515. De même qu'en Hongrie, les châteaux et les monastères furent partout détruits et les nobles faits prisonniers, jugés et décapités par des jurys de paysans. En Styrie et en Carinthie, le capitaine des troupes impériales Dietrichstein réussit à étouffer rapidement l'insurrection. Dans la Carniole, elle ne fut réprimée qu'à la suite de la prise de la ville de Rain (automne 1516) et des cruautés autrichiennes sans nombre qui s'ensuivirent, digne pendant aux atrocités commises par la noblesse hongroise.

On comprend qu'après une série de défaites aussi décisives et après ces atrocités massives de la noblesse, les paysans allemands soient restés assez longtemps tranquilles. Et cependant, ni les conspirations, ni les révoltes locales ne cessèrent jamais complètement. Dès 1516, la plupart des réfugiés du Bundschuh et du Pauvre Conrad retournèrent en Souabe et sur le cours supérieur du Rhin, et en 1517 le Bundschuh était déjà complètement reconstitué dans la Forêt-Noire. Joss Fritz lui-même, qui tenait toujours caché sur sa poitrine le vieil étendard du Bundschuh de 1513, parcourait à nouveau la Forêt-Noire et déployait une grande activité. La conjuration se réorganisa à nouveau. Comme quatre ans auparavant, on annonça de nouveau des assemblées sur le Kniebis. Mais le secret ne fut pas gardé. Les gouvernements eurent vent de la chose et intervinrent. Un certain nombre de conjurés furent pris et exécutés. Les membres les plus actifs et les plus intelligents durent s'enfuir, parmi eux Joss Fritz dont on ne put, une fois de plus, s'emparer, mais qui semble être mort peu de temps après en Suisse, car à partir de ce moment son n'apparaît plus nulle part.

IV

[LA RÉVOLTE DES NOBLES]

À l'époque même où la quatrième conspiration du Bundschuh, était réprimée dans la Forêt-Noire, Luther lança à Wittenberg le signal du mouvement qui devait entraîner dans son tourbillon tous les ordres et ébranler tout l'Empire. Les thèses de l'augustin de Thuringe [1] firent l'effet de la foudre dans un baril de poudre. Elles donnèrent dès l'abord aux aspirations multiples et contradictoires des chevaliers comme des bourgeois, des paysans comme des plébéiens, des princes avides d'indépendance comme du bas clergé, des sectes mystiques clandestines comme de l'opposition littéraire des érudits et des satiristes burlesques [1], une expression générale commune, autour de laquelle ils se groupèrent avec une rapidité surprenante. Cette alliance soudaine de tous les éléments d'opposition, si courte que fut sa durée, révéla brusquement la force immense du mouvement et le fit progresser d'autant plus rapidement.

Mais précisément, ce progrès rapide du mouvement devait aussi développer très vite les germes de dissension qu'il contenait en lui, et tout au moins détacher les uns des autres les différents éléments de la masse agitée, directement opposés les uns aux autres par leur situation sociale et les amener à leur position d'hostilité normale. Cette polarisation de la masse confuse de l'opposition autour de deux centres d'attraction se manifesta dès le début du mouvement de la Réforme : les nobles et les bourgeois se groupèrent sans réserve autour de Luther : les paysans et les plébéiens, sans voir encore en lui un adversaire direct, continuèrent à former comme auparavant un parti d'opposition révolutionnaire indépendant. La seule différence fut que le mouvement était maintenant beaucoup plus général, beaucoup plus profond qu'avant Luther, d'où la nécessité d'une opposition nettement exprimée, d'une lutte directe entre les deux

[1] Il s'agit des fameuses 95 thèses placardées à la porte de l'église du château à Wittenberg, dans lesquelles Luther faisait le procès de l'Église romaine et qui constituent le premier acte de la Réforme.

partis. Cet antagonisme direct se manifesta rapidement. Luther et Münzer se combattirent par la presse et en chaire, de même que les armées des princes, des chevaliers et des villes, composées en majeure partie d'éléments luthériens, ou du moins inclinant au luthéranisme, dispersèrent les bandes des paysans et des plébéiens.

À quel point divergeaient les intérêts et les besoins des différents éléments qui avaient accepté la Réforme, c'est ce que montre, déjà avant la Guerre des paysans, la tentative faite par la noblesse pour faire triompher ses revendications en face des princes et du clergé.

Nous avons déjà vu plus haut quelle position prit la noblesse allemande au début du XVIe siècle. Elle était sur le point de perdre son indépendance au profit des princes séculiers et ecclésiastiques, dont la puissance grandissait de jour en jour. Elle voyait en même temps, au fur et à mesure qu'elle sombrait elle-même, décliner la puissance de l'Empire, et l'Empire lui-même se décomposer en un certain nombre de principautés souveraines. Son déclin devait coïncider pour elle avec le déclin de l'Allemagne en tant que nation. À cela s'ajoutait le fait que la noblesse, et particulièrement la noblesse non médiatisée, était l'ordre qui, tant par

---

[1] Allusion à une littérature burlesque qui prenait le contre-pied du style ampoulé de la poésie de cour.

sa vocation militaire que par sa position en face des princes, représentait l'Empire et la puissance impériale. Elle constituait l'ordre le plus national, et plus le pouvoir d'Empire était puissant, moins les princes étaient forts et nombreux, plus l'Allemagne était unie et plus cet ordre avait de force. De là, le mécontentement général de la chevalerie causé par la situation politique pitoyable de l'Allemagne, par l'impuissance extérieure de l'Empire, qui augmentait dans la mesure où la maison impériale rattachait au Reich par héritage une province après l'autre, par les intrigues des puissances étrangères à l'intérieur de l'Empire et les complots organisés contre le pouvoir impérial par les princes allemands alliés à l'étranger. C'est pourquoi les revendications de la noblesse devaient nécessairement se résumer avant tout en une réforme de l'Empire aux dépens des princes et du haut clergé. La synthèse en fut assumée par *Ulrich von Hutten,* le théoricien de la noblesse allemande, en collaboration avec *Franz von Sickingen,* son représentant militaire et politique.

Hutten a formulé d'une façon très nette et conçu d'une façon très radicale sa réforme de l'Empire exigée au nom de la noblesse. Il ne s'agissait de rien de moins que de la suppression de tous les princes, de la sécularisation de toutes les principautés et de tous les biens ecclésiastiques, de l'établissement d'une *démocratie aristocratique,* ayant à sa tête un monarque, dans le genre de la défunte République polonaise à ses meilleurs jours. Grâce au rétablissement de la domination de la noblesse, classe militaire par excellence, à l'élimination des princes, représentants du morcellement ; grâce à la destruction de la puissance des prêtres et en arrachant l'Allemagne à la domination spirituelle de Rome, Hutten et Sickingen croyaient pouvoir rendre à l'Empire son unité, son indépendance et sa force.

La démocratie aristocratique reposant sur le servage, telle qu'elle a existé en Pologne et, sous une forme un peu différente, dans les royaumes des premiers siècles de la conquête germanique, est l'une des formes sociales les plus primitives, et elle continue à évoluer tout naturellement vers la hiérarchie féodale développée, qui représente déjà une étape beaucoup plus élevée. Cette démocratie aristocratique pure était, par conséquent, impossible au XVIe siècle. Elle était déjà impossible pour cette première raison que l'Allemagne comprenait à cette époque de grandes et puissantes villes. Mais, d'autre part, l'alliance de la petite noblesse et des villes, qui amena en Angleterre la transformation de la monarchie féodale en une monarchie constitutionnelle bourgeoise, était également impossible. En Allemagne la vieille noblesse s'était maintenue, tandis qu'en Angleterre elle avait été complètement détruite, à l'exception de 28 familles, par la guerre des Deux-Roses [1], et remplacée par une nouvelle noblesse, d'origine et de tendances bourgeoises. En Allemagne le servage s'était maintenu, et la noblesse disposait de revenus *féodaux,* alors qu'en Angleterre il avait presque complètement disparu, et que la noblesse était composée de simples propriétaires fonciers bourgeois, disposant d'un revenu bourgeois : la rente foncière. Enfin la centralisation de la monarchie absolue qui, par suite de l'antagonisme entre la noblesse et la bourgeoisie, existait en France depuis Louis XI et s'y développait de plus en plus, était également impossible en Allemagne, pour cette simple raison que les conditions de la centralisation nationale y étaient inexistantes ou seulement en germe.

Plus Hutten s'efforçait, dans ces conditions, de réaliser son idéal, plus il devait faire de concessions, et plus les contours de sa réforme d'Empire devenaient indécis. La noblesse, à elle seule, n'était pas assez forte pour réaliser cette entreprise, et c'est ce que prouvait sa faiblesse croissante vis-à-vis, des princes. Elle devait se trouver des alliés, et les seuls alliés possibles étaient les villes, les paysans et les théoriciens influents du mouvement de la Réforme. Mais les villes connaissaient suffisamment la noblesse pour n'avoir

---

[1] La guerre des Deux-Roses est la lutte pour le trône d'Angleterre que se livrèrent la dynastie d'York, dont le blason portait une rose blanche, et la dynastie de Lancaster, dont le blason portait une rose

aucune confiance en elle et repousser toute alliance avec elle. Les paysans voyaient avec raison dans la noblesse qui les pressurait et les maltraitait leur adversaire le plus acharné. Et les théoriciens de la Réforme étaient ou avec les bourgeois et les princes, ou avec les paysans. Que pouvait en effet promettre de positif la réforme de l'Empire, proposée par la noblesse aux bourgeois et aux paysans et dont le but principal était toujours le relèvement de la noblesse ? Dans ces conditions, il n'y avait pas d'autre issue pour Hutten que de ne pas dire grand-chose, ou de ne rien dire du tout, dans ses écrits de propagande sur la situation réciproque future de la noblesse, des villes et des paysans, de rejeter tout le mal sur les princes, les prêtres et la dépendance de Rome, et de démontrer aux bourgeois que leur intérêt leur commandait de conserver tout au moins une attitude de neutralité dans la lutte imminente entre les princes et la noblesse. De la suppression du servage et des charges que la noblesse faisait peser sur les paysans, il n'est question nulle part chez Hutten.

La position de la noblesse allemande à l'égard des paysans était, à l'époque, exactement la même que celle de la noblesse polonaise à l'égard des siens dans les insurrections de 1830 à 1846. Tout comme les insurrections polonaises mo-

rouge. Impitoyable, la guerre dura de 1451 à 1485 et décima la noblesse anglaise.

dernes, le mouvement n'était alors possible en Allemagne que par une alliance de tous les partis d'opposition, et surtout de la noblesse avec les paysans. Mais précisément cette alliance était, dans les deux cas, impossible. La noblesse n'était pas plus dans la nécessité de renoncer à ses privilèges politiques et à ses droits féodaux vis-à-vis des paysans, que les paysans révolutionnaires n'étaient disposés à accepter une alliance avec la noblesse, c'est-à-dire avec l'ordre qui les opprimait le plus, pour des perspectives générales et imprécises. De même qu'en Pologne en 1830, la noblesse ne pouvait plus dans l'Allemagne de 1522 gagner les paysans. Seules, l'abolition complète du servage et de la sujétion, la renonciation à tous les privilèges de la noblesse eussent pu unir les paysans à la noblesse. Mais celle-ci, comme tout ordre privilégié, n'avait pas la moindre envie de renoncer volontairement à ses privilèges, à toute sa situation d'exception et à la plus grande partie de ses revenus.

C'est pourquoi, lorsque la lutte éclata, la noblesse se trouva finalement seule en face des princes. Il était donc à prévoir que les princes qui, depuis deux siècles, avaient constamment gagné du terrain sur elle, l'écraseraient cette fois encore facilement.

On connaît le déroulement de la lutte elle-même. Sickingen, qui était déjà reconnu comme le chef politique et militaire de la noblesse, de l'Allemagne moyenne, et Hutten fondèrent en 1522, à Landau, une ligue de la noblesse rhénane, souabe et franconienne pour une durée de six années, soi-disant dans un but défensif. Sickingen rassembla une armée, en partie avec ses propres moyens, en partie avec l'aide des chevaliers des environs, recrutant des renforts en Franconie, sur le cours inférieur du Rhin, dans les Pays-Bas et en Westphalie et ouvrit en septembre 1522 les hostilités par une déclaration de guerre à l'électeur-archevêque de Trèves. Mais tandis qu'il assiégeait Trèves, ses renforts furent coupés par une intervention rapide des princes. Le landgrave de Hesse, et l'électeur du Palatinat accoururent au secours de l'archevêque de Trèves, et Sickingen fut obligé de se réfugier dans son château fort de Landstuhl. Malgré tous les efforts de Hutten et de ses autres amis, la noblesse alliée, intimidée par l'action rapide et concentrée des princes, l'abandonna à son sort. Lui-même fut mortellement blessé, rendit Landstuhl et mourut aussitôt après. Hutten dut s'enfuir en Suisse et mourut quelques mois plus tard dans l'île d'Ufnau, sur le lac de Zurich.

À la suite de cette défaite et de la mort de ses deux chefs, la puissance de la noblesse en tant que corps indépendant des princes fut brisée. Désormais la noblesse n'apparaît plus qu'au service et sous la direction des princes. La Guerre des paysans qui éclata aussitôt après, l'obligea davantage encore à se placer directement ou indirectement sous la protection des princes, et montra en même temps que la noblesse allemande préférait continuer à exploiter les paysans sous la tutelle des princes plutôt que renverser les princes et les prêtres au moyen d'une alliance ouverte avec les paysans *émancipés.*

V

[LA GUERRE DES PAYSANS EN SOUABE ET EN FRANCONIE]

À partir du moment où la déclaration de guerre de Luther à la hiérarchie catholique mit en mouvement tous les éléments d'opposition en Allemagne, il ne se passa pas d'année sans que les paysans ne réapparaissent également avec leurs revendications. De 1518 à 1523, les insurrections paysannes locales se succédèrent dans la Forêt-Noire et dans la Haute-Souabe. À partir du printemps de 1524, ces insurrections prirent un caractère systématique. Au mois d'avril de cette année-là les paysans de l'abbaye de Marchthal refusèrent les corvées et prestations féodales. Au mois de mai les paysans de Saint-Blasien refusèrent de payer les taxes de servage. En juin, les paysans de Steinheim, près de Memmingen, déclarèrent ne plus vouloir payer ni dîmes ni autres taxes. En juillet et en août, les paysans de Thurgovie se soulevèrent et furent ramenés au calme, soit grâce à l'intervention des Zurichois, soit par la brutalité du gouvernement fédéral, qui en fit exécuter un certain nombre. Enfin éclata dans le landgraviat de Stuhlingen une insurrection plus nette, qui peut être considérée comme le véritable *commencement de la Guerre des paysans.*

Les paysans de Stuhlingen refusèrent brusquement toute prestation au landgrave, se réunirent en fortes bandes et marchèrent le 24 août 1521, sous la direction de *Hans Müller de Bulgenbach* sur Waldshut, où ils fondèrent en collaboration avec les bourgeois une confrérie évangélique. Les bourgeois adhérèrent d'autant plus volontiers à cette confrérie qu'ils étaient alors en conflit avec le gouvernement de la Haute-Autriche [1], à cause des persécutions religieuses contre Balthasar *Hubmaier,* leur prédicateur, ami et disciple de Thomas Münzer. On imposa donc une taxe pour la ligue de trois kreuzers par semaine — ce qui était énorme pour l'époque. On envoya des émissaires en Alsace, sur la Moselle, sur tout le cours supérieur du Rhin et en Franconie, pour faire adhérer partout les paysans à la ligue et on proclama comme but de l'association l'abolition de la domination féodale, la destruction de tous les châteaux et de tous les monastères, et la suppression de tous les seigneurs, en dehors de l'empereur. Le drapeau de la ligue fut le *drapeau tricolore allemand.*

L'insurrection s'étendit rapidement à tout l'actuel haut pays badois. Une terreur panique s'empara de la noblesse de la Haute-Souabe, dont presque toutes les troupes guerroyaient en Italie contre le roi de France François Ier. Elle n'avait d'autre issue que de faire traîner l'affaire en longueur en négociant et, entre temps, de rassembler de l'argent et de recruter des troupes, jusqu'à ce qu'elle fût assez forte pour châtier les paysans de leur témérité « par le sac et l'incendie, le pillage et le meurtre [2] ». C'est à partir de cette époque que commencèrent ces trahisons méthodiques, ces ruses, ces violations systématiques de la parole donnée, par lesquelles la noblesse et les princes se distinguèrent pendant toute la durée de la Guerre des paysans, et qui constituaient leur

---

1 En 1491, l'empereur Maximilien avait créé un territoire administratif de Haute-Autriche qui comprenait la Haute-Alsace, le Brisgau, une partie de la Forêt-Noire et les villes de Rheinfelden, Saeckingen, Laufenbourg et Waldshut.

2 Termes de l'ultimatum adressé par le sénéchal de Waldburg aux paysans du Hegau le 15 février 1525.

arme la plus forte contre les paysans dispersés et difficiles à organiser. La Ligue souabe, qui groupait les princes, la noblesse et les villes libres de l'Allemagne du Sud-Ouest, intervint, mais sans garantir aux paysans de concession positive. Ceux-ci restèrent donc en mouvement. Hans Müller de Bulgenbach parcourut, du 30 septembre à la mi-octobre, la Forêt-Noire jusqu'à Urach et Furtwangen, porta les effectifs de sa bande à 3 500 hommes et prit position près d'Ewatingen (non loin de Stuhlingen). La noblesse ne disposait que de 1 700 hommes, et de plus ces troupes étaient dispersées. Elle fut donc obligée d'accepter un armistice, qui fut aussi réellement conclu au camp d'Ewatingen. On promit aux paysans qu'un accord amiable, soit conclu directement entre les parties intéressées, soit par l'intermédiaire d'arbitres, et l'étude de leurs doléances par le tribunal de Stockach [1]. Les troupes de la noblesse, comme celles des paysans, se dispersèrent.

Les paysans se mirent d'accord sur 16 articles à présenter à l'approbation du tribunal de Stockach. Ces articles étaient très modérés. Abolition du droit de chasse, des corvées, des impôts les plus lourds et, d'une façon générale, des privilèges seigneuriaux ; garanties contre les arrestations arbitraires et contre les tribunaux jugeant selon leur bon plaisir ; ce fut tout ce qu'ils réclamèrent.

---

[1] Un des six tribunaux d'Empire comme celui de Rottweil.

La noblesse, par contre, exigea, dès que les paysans furent rentrés chez eux, l'exécution immédiate de toutes les prestations litigieuses jusqu'à ce que le tribunal eût rendu sa sentence. Naturellement, les paysans refusèrent et renvoyèrent les seigneurs au tribunal. Le conflit éclata à nouveau. Les paysans se rassemblèrent derechef ; les princes et les nobles concentrèrent leurs troupes. Cette fois le mouvement s'étendit jusqu'au-delà du Brisgau et pénétra profondément dans le Wurtemberg. Les troupes, sous le commandement de *Georg Truchsess de Waldburg* [1], ce duc d'Albe de la Guerre des paysans, se contentèrent de les observer, battirent isolément des colonnes de renfort, mais n'osèrent attaquer le gros de l'armée paysanne. Georg Truchsess négocia avec les chefs paysans et réussit à conclure çà et là quelques accords.

À la fin du mois de décembre commencèrent les discussions devant le tribunal de Stockach. Les paysans protestèrent contre la composition du tribunal, formé uniquement de nobles. On leur lut en réponse une lettre d'installation de l'empereur. Les négociations traînèrent en longueur. Entre temps, la noblesse, les princes, la Ligue souabe s'armèrent. L'archiduc Ferdinand, qui outre les domaines héréditaires restés autrichiens dominait également le Wurtemberg, la

Forêt-Noire badoise et le Sud de l'Alsace, ordonna la plus grande sévérité contre les paysans rebelles. Il fallait se saisir d'eux, les mettre à la torture et les tuer sans merci, il fallait les perdre par tous les moyens, incendier et ravager leurs biens et chasser du pays leurs femmes et leurs enfants. On voit comment les princes et les seigneurs respectaient l'armistice et ce qu'ils entendaient par accord amiable et examen des doléances. L'archiduc Ferdinand, auquel la maison Welser d'Augsbourg avait avancé de l'argent, arma en toute hâte. La Ligue souabe imposa un certain contingent d'argent et de troupes à fournir en trois échéances.

Toutes ces insurrections coïncident avec le séjour, qui dura cinq mois, de Thomas Münzer dans le Haut-Pays. Nous n'avons, à vrai dire, aucune preuve directe de l'influence qu'il exerça sur l'explosion et la marche du mouvement, mais indirectement cette influence est tout à fait établie. Les révolutionnaires les plus décidés parmi les paysans sont pour la plupart ses disciples et représentent ses idées. Les douze articles, de même que la lettre-article des paysans du Haut-Pays [2] lui sont attribués par tous ses contemporains, quoique, du moins en ce qui concerne les premiers, il n'en soit certainement pas l'auteur. Encore sur le chemin du re-

---

[1] Les comtes de Waldburg portaient depuis le XIIe siècle le titre impérial de sénéchal (Truchsess).

[2] Voir ZIMMERMANN, *ouv. cité,* 2e partie, pp. 99-104 et 111-113.

tour en Thuringe, il adressa un appel résolument révolutionnaire aux paysans insurgés [1].

En même temps, le duc Ulrich, chassé du Wurtemberg depuis 1519, intriguait pour rentrer en possession de son domaine avec l'aide des paysans. C'est un fait qu'il s'efforçait depuis le début de son exil d'utiliser le parti révolutionnaire et qu'il le soutint constamment. Son nom est impliqué dans la plupart des insurrections locales qui se sont succédé entre 1520 et 1524 dans la Forêt-Noire et le Wurtemberg ; et maintenant il armait ouvertement pour, de son château de Hohentwiel, faire une incursion dans le Wurtemberg. Cependant il ne fut qu'utilisé par les paysans, n'eut jamais aucune influence sur eux et encore moins leur confiance.

C'est ainsi que l'hiver s'écoula sans qu'aucune des deux parties entreprît rien de décisif. Les nobles princes se cachaient, l'insurrection paysanne s'étendait. Au mois de janvier 1525, tout le pays situé entre le Danube, le Rhin et la Lech était en pleine fermentation et au mois de février l'orage éclata.

---

[1] Il s'agit du pamphlet anonyme imprimé à Nuremberg au début de 1525 : *À l'Assemblée de la paysannerie ordinaire...*

Tandis que la *bande de la Forêt-Noire et de l'Hegau,* sous la direction de Hans Müller de Bulgenbach, conspirait avec Ulrich de Wurtemberg et participait pour une part à son entreprise malheureuse sur Stuttgart (février et mars 1525), les paysans du Ried, au-dessus d'Ulm, se soulevèrent le 9 février, se rassemblèrent dans un camp adossé aux marais près de Baltringen, arborèrent le *drapeau rouge,* et constituèrent sous le commandement de Ulrich Schmid la *bande de Baltringen,* forte de 10 à 12 000 hommes.

Le 25 février, la *bande de l'Oberallgäu,* forte de 7 000 hommes, se rassembla sur les rives du Schussen, parce que le bruit courait que les troupes marchaient contre les mécontents apparus ici également. Les habitants de Kempten, qui avaient été tout l'hiver en conflit avec leur archevêque, se rassemblèrent le 26 et s'unirent à eux. Les villes de Memmingen et de Kaufbeuren adhérèrent au mouvement sous certaines conditions. Mais déjà se manifestait ici le caractère équivoque de la position prise par les villes dans la lutte. Le 7 mars, les douze articles de Memmingen y furent adoptés par tous les paysans de l'Oberallgäu.

Sur message des paysans de *l'Allgäu,* se forma au bord du lac de Constance la *bande du Lac,* sous la direction d'Eitel

Hans. Ce groupe se renforça rapidement lui aussi. Son quartier général était à Bermatingen.

De même dans le Bas-Allgäu, dans la région d'Ochsenhausen et de Schellenberg, dans celle de Zeil et de Waldenbourg, seigneuries du sénéchal de Waldburg, les paysans se soulevèrent, et même dès les premiers jours de mars. Cette bande de l'*Unterallgäu,* forte de sept mille hommes, dressa son camp à Wurzach.

Ces quatre bandes adoptèrent tous les articles de Memmingen, qui étaient d'ailleurs beaucoup plus modérés que ceux de l'Hegau, et qui, même sur les points concernant l'attitude des bandes en armes à l'égard de la noblesse et des gouvernements, faisaient montre d'une curieuse absence de fermeté. La détermination, là où elle apparut, ne se manifesta qu'au cours de la guerre, après que les paysans eurent fait l'expérience de la façon d'agir de leurs adversaires.

En même temps que ces bandes, il s'en constituait une sixième sur le Danube. De toute la région d'Ulm à Donauwœrth, des vallées de l'Iller, de la Roth et de la Biber, les paysans se rendirent à Leipheim et y établirent un camp. Quinze localités envoyèrent tous leurs hommes valides, 117 des contingents. Le chef de la *bande de Leipheim* était Ulrich Schön, son prédicateur Jakob Wehe, pasteur de Leipheim.

C'est ainsi qu'au début de mars il y avait dans la Haute-Souabe 30 à 40 000 paysans insurgés en armes, répartis en six camps. Le caractère de ces bandes paysannes était très varié. Le parti révolutionnaire (le parti de Münzer) y était partout en minorité. Cependant, il constituait partout le noyau et la force des camps de paysans. La masse des paysans était toujours prête à conclure un accord avec les seigneurs, à condition qu'on leur assurât les concessions qu'ils espéraient arracher par leur attitude menaçante. De plus, lorsque l'affaire traîna en longueur et que les armées des princes approchèrent, ils se lassèrent de faire la guerre et ceux qui avaient encore quelque chose à perdre rentrèrent pour la plupart chez eux. Avec cela, les bandes s'étaient renforcées des vagabonds du *Lumpenproletariat* qui rendaient la discipline plus difficile, démoralisaient les paysans et s'en allaient aussi facilement qu'ils étaient venus. Cela suffit pour expliquer pourquoi, au début, les bandes paysannes restèrent partout sur la défensive, pourquoi elles se démoralisèrent dans les camps et pourquoi, sans parler déjà de leur infériorité tactique et de la rareté de bons chefs, elles n'étaient en aucune façon capables de tenir tête aux armées des princes.

Pendant que les bandes en étaient encore à se rassembler, le duc Ulrich quitta Hohentwiel à la tête de troupes recrutées et de quelques paysans de l'Hegau et pénétra dans le Wurtemberg. La Ligue souabe était perdue si de leur côté les paysans avaient marché contre les troupes du sénéchal de Waldburg. Mais l'attitude purement défensive des bandes paysannes permit bientôt à ce dernier de conclure un armistice avec les gens de Baltringen, de l'Allgäu et du Lac, d'entamer des pourparlers et de fixer au dimanche de la Passion, le 2 avril, le règlement définitif de l'affaire. Pendant ce temps il put marcher contre le duc Ulrich, occuper Stuttgart et l'obliger dès le 17 mars à quitter à nouveau le Wurtemberg. Puis il allait se tourner contre les paysans, quand une mutinerie éclata brusquement dans son armée, les mercenaires se refusant à marcher contre ceux-ci. Mais le sénéchal réussit à apaiser les mutins et il marcha sur Ulm, où se rassemblaient de nouveaux renforts, laissant à Kirchheim-sous-Teck un camp d'observation.

La Ligue souabe, qui avait enfin les mains libres et avait réussi à rassembler ses premiers contingents, jeta alors le masque et déclara qu'elle « était décidée à prévenir par la force des armes et avec l'aide de Dieu toute action que les paysans oseraient entreprendre de leur propre volonté [1] ».

Cependant les paysans avaient respecté scrupuleusement l'armistice. Ils avaient arrêté leurs revendications, les célèbres *douze articles,* pour les négociations fixées au dimanche de la Passion. Ils réclamaient pour les paroisses le droit d'élire et de révoquer elles-mêmes leurs pasteurs, la suppression de la petite dîme et l'utilisation, une fois payés les traitements des prêtres, de la grande dîme pour des buts d'utilité publique, l'abolition du servage, du droit de chasse et de pêche et de la mainmorte, la réduction des corvées, impôts et redevances excessifs, la restitution des bois, des prairies et privilèges arrachés par la violence aux communes et aux particuliers, et la suppression de l'arbitraire dans la justice et l'administration. On voit que le parti modéré, conciliant, prédominait encore parmi les bandes paysannes. Le parti révolutionnaire avait déjà, dans la « lettre-article », établi précédemment son programme. Cette lettre ouverte à toutes les communautés paysannes leur demandait « d'adhérer à l'association et confrérie chrétienne » pour abolir toutes les charges, soit à l'amiable, « ce qui sans doute ne sera pas possible », soit par la violence, et menaçait tous les récalcitrants du « ban séculier », c'est-à-dire de l'exclusion

1 Voir ZIMMERMANN, *ouv. cité*, 2e partie, p. 167.

de la société et de la rupture de toutes relations avec les membres de la ligue. Tous les châteaux, monastères et abbayes devaient également être frappés du ban séculier, à moins que la noblesse, les prêtres et les moines les quittent volontairement et aillent habiter dans des maisons ordinaires, comme tout le monde, et adhèrent à l'association chrétienne. — Dans ce manifeste radical, rédigé visiblement *avant* l'insurrection du printemps 1525, il s'agit donc avant tout de la révolution, de la victoire complète sur les classes encore dominantes et le « ban séculier » vise seulement les oppresseurs et les traîtres qu'il fallait abattre, les châteaux qu'il fallait brûler, les monastères et les abbayes qu'il fallait confisquer et dont les trésors devaient être transformés en argent.

Mais avant que les paysans aient eu même le temps de présenter leurs douze articles aux arbitres qui avaient été convoqués dans ce but, leur parvint la nouvelle de la rupture de l'accord par la Ligue souabe et de l'approche des troupes. Ils prirent immédiatement les mesures nécessaires. Une assemblée générale des bandes de Baltringen, de l'Allgäu et du Lac se réunit à Gaisbeuren. Les quatre groupes furent réunis en un seul, et l'on constitua avec eux quatre nouvelles colonnes. On décida la confiscation des biens ecclésiastiques, la vente de leurs joyaux au profit du trésor de guerre et l'incendie des châteaux. C'est ainsi qu'à côté des douze articles officiels la lettre-article devint leur règle de conduite de la guerre et que le dimanche de la Passion, jour précédemment fixé pour la conclusion de la paix, fut la date du *soulèvement général.*

L'agitation partout croissante, les conflits locaux continuels des paysans avec la noblesse, la nouvelle de l'insurrection progressant depuis six mois dans la Forêt-Noire et de son extension jusqu'au Danube et à la Lech suffisent, certes, pour expliquer la succession rapide des insurrections paysannes dans les deux tiers de l'Allemagne. Mais le fait de la simultanéité de toutes ces insurrections partielles prouve que le mouvement était dirigé par des gens qui l'avaient organisé à l'aide de leurs émissaires anabaptistes ou autres. Au cours de la seconde quinzaine de mars, des troubles avaient déjà éclaté dans le Wurtemberg, sur le Neckar inférieur, dans l'Odenwald et dans la Basse et Moyenne-Franconie, mais partout, le 2 avril, le dimanche de la Passion, était indiqué à l'avance comme la date du soulèvement général, partout le coup décisif, l'insurrection en masse éclata dans la première semaine d'avril. De même les paysans de l'Allgäu, de l'Hegau et du Lac convoquèrent au camp, le 1er avril, tous les hommes valides à l'aide du tocsin et d'assemblées de masse et ouvrirent, en même temps que ceux de Baltringen, les hostilités contre les châteaux et les monastères.

En *Franconie*, où le mouvement se groupait autour de six centres principaux, l'insurrection éclata partout aux premiers jours d'avril. Près de *Nœrdlingen* se constituèrent ces jours-là deux camps de paysans, avec l'aide desquels le parti révolutionnaire de la ville, dirigé par *Anton Forner*, prit le dessus, fit nommer Forner bourgmestre et fit adopter l'adhésion de la cité au mouvement paysan. Dans la région d'*Ansbach*, les paysans se soulevèrent partout du 1er au 7 avril, et l'insurrection s'étendit de là jusqu'en Bavière. Dans la *région de Rothenbourg*, les paysans étaient déjà en armes depuis le 22 mars ; dans la ville de Rothenbourg les petits bourgeois et les plébéiens, dirigés par Stephan von *Menzingen*, renversèrent le 27 mars la domination du patriciat. Mais comme précisément les prestations des paysans constituaient les ressources principales de la ville, même le nouveau gouvernement eut une attitude très vacillante et très équivoque à l'égard de ceux-ci. Dans l'évêché de *Wurzbourg*, les paysans et les petites villes se soulevèrent en bloc dès le début d'avril, et dans l'évêché de *Bamberg*, l'insurrection générale obligea en moins de cinq jours l'évêque à céder. Enfin, dans le Nord, à la frontière de la Thuringe, se constitua le puissant *camp de Bildhausen*.

Dans *l'Odenwald, où Wendel Hipler,* un noble, ancien chancelier des comtes de Hohenlohe, et *Georg Metzler,* aubergiste à Ballenberg, près de Krautheim, étaient à la tête du parti révolutionnaire, l'orage éclata dès le 26 mars. Les paysans accoururent de tous côtés vers la Tauber ; 2 000 hommes du camp situé aux portes de Rothenbourg se joignirent aussi à eux. Georg Metzler en prit le commandement et marcha le 4 avril, après que tous les renforts furent arrivés, sur le monastère de Schœnthal, sur la Jagst, où il fut rejoint par des paysans de la *vallée du Neckar.* Ces derniers, dirigés par *Jäcklein Rohrbach,* aubergiste à Boeckingen, près d'Heilbronn, avaient le dimanche de la Passion proclamé l'insurrection à Fleim, à Sontheim, etc., pendant qu'au même moment Wendel Hipler, à la tête d'un certain nombre de conjurés, s'était emparé par surprise de Oehringen et avait gagné au mouvement les paysans des environs. À Schœnthal, les deux colonnes paysannes, réunies pour former la « grande bande », avaient adopté les douze articles et organisé des raids contre les châteaux et les cloîtres. La grande bande comprenait 8 000 hommes et avait des canons et 3 000 arquebuses. *Florian Geyer,* un chevalier franconien, se joignit à eux et constitua la légion noire, un corps d'élite, recruté spécialement parmi les soldats de Rothenbourg et d'Oehringen.

Le bailli wurtembergeois de Neckarsulm, le comte Ludwig von Helfenstein, ouvrit les hostilités. Il fit abattre sans autre forme de procès tous les paysans qui tombèrent entre ses mains. La grande bande marcha à sa rencontre. Ces massacres, ainsi que la nouvelle parvenue entre temps de la défaite de la bande de Leipheim, de l'exécution de Jakob Wehe et des atrocités commises par le sénéchal exaspérèrent les paysans. Ils attaquèrent le comte de Helfenstein, qui s'était jeté dans Weinsberg. Le château fut pris d'assaut par Florian Geyer, la ville occupée après une longue lutte, et le comte Ludwig fait prisonnier avec plusieurs chevaliers. Le lendemain, 17 avril, Jäcklein Rohrbach, assisté des plus résolus de la bande, fit passer les prisonniers en jugement et fit exécuter quatorze d'entre eux à coups de pique, le comte de Helfenstein en tête. C'était la mort la plus ignominieuse qu'il pouvait leur infliger. La prise de Weinsberg et la vengeance terrible exercée par Jäcklein sur le comte de Helfenstein ne manquèrent pas leur effet sur la noblesse. Les comtes de Löwenstein adhérèrent à l'association paysanne, ceux de Hohenlohe, qui y avaient déjà adhéré plus tôt, mais qui n'avaient encore apporté aucun secours, envoyèrent immédiatement les canons et la poudre demandés.

Les chefs se concertèrent pour savoir s'ils choisiraient Götz von Berlichingen comme commandant, « étant donné qu'il pouvait leur apporter l'appui de la noblesse ». La proposition fut bien accueillie. Mais Florian Geyer, qui voyait dans cet état d'esprit des paysans et de leurs chefs le commencement de la réaction, quitta le groupe à la tête de sa légion noire, parcourut de son propre chef d'abord la région du Neckar, puis celle de Wurzbourg, et détruisit partout châteaux et nids de prêtres.

Le reste de la bande marcha tout d'abord sur Heilbronn. Dans cette puissante ville libre, les notables avaient contre eux, comme presque partout, une opposition bourgeoise et une opposition révolutionnaire. Celle-ci secrètement d'accord avec les paysans, ouvrit dès le 17 avril, au cours d'une émeute, les portes de la ville à Georg Metzler et à Jäcklein Rohrbach. Les chefs paysans prirent avec leurs gens possession de la ville, qui adhéra à la confrérie, versa une somme de 1 200 florins et offrit une compagnie de volontaires. Seuls, le clergé et les possessions de l'Ordre teutonique furent rançonnés. Le 22, les paysans quittèrent la ville, où ils laissèrent une petite garnison. Heilbronn devait devenir le centre des différentes bandes, qui y envoyèrent d'ailleurs des délégués et délibérèrent sur une action commune et des revendications communes des paysans. Mais l'opposition bourgeoise et le patriciat, qui s'était allié à elle depuis l'arrivée des paysans, avaient réussi, entre temps, à reprendre le dessus et, s'opposant à toute action énergique, attendirent l'approche de l'armée des princes pour trahir définitivement les paysans.

Ceux-ci marchèrent sur l'Odenwald. Le 24 avril, Götz von Berlichingen qui, quelques jours plus tôt, avait offert ses services d'abord à l'électeur du Palatinat, puis aux paysans, puis de nouveau à l'électeur, dut adhérer à la confrérie évangélique et prendre le commandement de la grande bande *claire* (ainsi appelée par opposition à la bande *noire* de Florian Geyer). Mais il était en même temps prisonnier des paysans qui le surveillaient de très près et le soumettaient au contrôle du conseil des chefs, sans lequel il ne pouvait rien faire. Götz et Metzler se rendirent alors, avec le gros des paysans, à Amorbach, en passant par Buchen. Ils y restèrent du 30 avril au 5 mai, et soulevèrent toute la région de Mayence. La noblesse fut partout contrainte d'adhérer au mouvement pour sauver ses châteaux. Seuls les monastères furent incendiés et livrés au pillage. La bande s'était de plus en plus démoralisée. Les éléments les plus énergiques étaient partis avec Florian Geyer ou avec Jäcklein Rohrbach, car ce dernier s'en était également séparé après la prise de Heilbronn, manifestement parce qu'ayant fait exécuter le comte Helfenstein il ne pouvait rester plus longtemps dans une bande qui était prête à pactiser avec la noblesse. Cette insistance à s'entendre avec celle-ci était déjà par elle même un signe de démoralisation. Quelque temps après, Wendel Hipler proposa une réorganisation très opportune de la bande. On devait engager les mercenaires qui offraient tous les jours leurs services et cesser de renouveler chaque mois la bande en licenciant les anciens contingents et en en recrutant de nouveaux, mais conserver les hommes se trouvant déjà sous les armes et exercés. Mais l'assemblée de la commune repoussa ces deux propositions. Les paysans étaient déjà devenus présomptueux et ne voyaient plus dans la guerre qu'une razzia, où la concurrence des mercenaires ne leur disait rien et ils voulaient conserver la liberté de rentrer chez eux, dès qu'ils auraient rempli leurs poches. À Amorbach, le conseiller de Heilbronn, Hans Berlin, réussit même à faire adopter par les chefs et les conseils de la bande la « déclaration des douze articles », document qui enlevait leur dernier mordant aux douze articles et qui mettait dans la bouche des paysans un langage d'humbles suppliants. Mais cette fois c'en était trop pour les paysans. Ils repoussèrent la déclaration au milieu d'un grand tumulte et déclarèrent vouloir s'en tenir aux douze articles primitifs.

Entre temps, la situation s'était complètement modifiée dans l'évêché de Wurzbourg. L'évêque qui, lors de la première insurrection des paysans au début d'avril, s'était retiré dans son château fort de Frauenberg, près de Wurzbourg et avait vainement appelé à l'aide de tous les côtés, avait été finalement contraint de céder momentanément. Le 2 mai, il ouvrit une diète, à laquelle participèrent également les représentants des paysans. Mais avant qu'on eût pu aboutir à un accord quelconque, on s'empara de lettres prouvant les manœuvres de trahison de l'évêque. La diète se sépara immédiatement et les hostilités commencèrent entre les citadins et les paysans insurgés d'une part, et les troupes de l'évêque d'autre part. L'évêque lui-même s'enfuit, le 5 mai à Heidelberg. Dès le lendemain, Florian Geyer arriva à Wurzbourg, à la tête de sa légion noire, ainsi que la *bande franconienne de la Tauber,* composée de paysans de Mergentheim, de Rothenbourg et d'Ansbach. Le 7 mai arriva Götz von Berlichingen, à la tête de la grande bande claire, et le siège du château de Frauenberg commença.

Dans la région de Limpourg et dans celle d'Ellwangen et de Hall, se constitua dès la fin de mars et début d'avril une autre bande, celle de Gaildorf ou la *grande bande ordinaire.* Elle entra très violemment en scène, souleva tout le pays, incendia un grand nombre de monastères et de châteaux, entre autres celui d'Hohenstaufen, obligea tous les paysans à se joindre à elle et contraignit tous les nobles, et même les échansons de Limpourg, à adhérer à la confrérie chrétienne. Au début de mai, elle fit une incursion dans le Wurtemberg, mais fut convaincue de se retirer. Le particularisme des petits États allemands de l'époque ne permettait pas plus alors qu'en 1848 une action commune des révolutionnaires appartenant à des États différents. Les paysans de Gaildorf, réduits à un faible territoire, devaient nécessairement se disloquer, après avoir vaincu toute résistance sur ce territoire. Ils conclurent un accord avec la ville de Gmund, et se dispersèrent, après y avoir laissé un corps de 500 hommes armés.

Dans le *Palatinat,* des bandes de paysans s'étaient constituées vers la fin d'avril sur les deux rives du Rhin. Elles détruisirent un grand nombre de châteaux et de monastères et s'emparèrent, le 1er mai, de Neustadt-sous-la-Hardt, après que les paysans venus du Bruchrain eurent la veille obligé Spire à un accord. Le maréchal Habern ne put rien entreprendre contre eux, avec le peu de troupes ducales dont il disposait, et le 10 mai l'électeur fut obligé de conclure un accord avec les paysans insurgés dans lequel il leur garantissait qu'une diète mettrait fin aux causes de leurs doléances.

Dans le *Wurtemberg* enfin, l'insurrection avait déjà éclaté de bonne heure dans un certain nombre de régions. Sur l'Alpe d'Urach, les paysans avaient dès le mois de février conclu une alliance contre les prêtres et les seigneurs, et à la fin du mois de mars les paysans de Blaubeuren, d'Urach, de Munsingen, de Balingen et de Rosenfeld se soulevèrent. La bande de Gaildorf à Goeppingen, Jäcklein Rohrbach à Brakenheim, les débris de la bande battue de Leipheim à Pfullingen pénétrèrent en territoire wurtembergeois et soulevèrent toute la population des campagnes. Des troubles sérieux éclatèrent également dans d'autres régions. Dès le 6 avril, Pfullingen dut capituler devant les paysans. Le gouvernement de l'archiduc autrichien était dans le plus extrême embarras. Il n'avait pas d'argent et très peu de troupes. Les villes et les châteaux étaient dans le plus mauvais état et n'avaient ni garnison ni munitions. Même l'Asperg [1] était presque sans défense.

La tentative du gouvernement de rassembler contre les paysans les contingents des villes amena sa défaite momentanée. Le 16 avril, le contingent de Bottwar refusa de marcher et, au lieu de Stuttgart, se rendit sur le Wunnenstein, près de Bottwar, où il constitua le noyau d'un camp de paysans et de bourgeois qui grandit rapidement. Le même jour, l'insurrection éclata dans le Zabergäu. Le monastère de Maulbronn fut livré au pillage et un certain nombre de cloîtres et de châteaux complètement dévastés. De la région voisine du Bruchrain accoururent des renforts paysans.

La bande du Wunnenstein fut placée sous le commandement de *Matern Feuerbacher,* conseiller de Bottwar, l'un des chefs de l'opposition bourgeoise, mais suffisamment compromis pour se voir obligé de faire cause commune avec les paysans. Cependant il resta toujours très modéré, s'opposa à l'application de la lettre-article aux châteaux, et s'efforça en toute occasion de s'entremettre entre les paysans et les bourgeois modérés. Il empêcha la jonction des paysans wurtembergeois avec la grande bande claire, et plus tard décida également la bande de Gaildorf à sortir du Wurtemberg. Il fut, dès le 19 avril, destitué à cause de ses tendances bourgeoises, mais fut nommé à nouveau, le lendemain, commandant de la bande. Il était indispensable, et même lorsque Jäcklein Rohrbach, le 22, vint se joindre aux Wurtembergeois à la tête de ses 200 hommes résolus, il ne lui resta qu'à le laisser à son poste et à se contenter de le surveiller étroitement.

---

[1] L'Asperg était une citadelle.

Le 18 avril, le gouvernement essaya d'entamer des négociations avec les paysans du Wunnenstein. Ceux-ci exigèrent qu'il acceptât les douze articles, ce que ne pouvaient naturellement pas les plénipotentiaires. La bande se mit alors en mouvement. Le 20, elle était à Lauffen, où les délégués du gouvernement furent éconduits une dernière fois. Le 22, elle arriva, forte de 6 000 hommes, à Bietigheim et menaça Stuttgart. Dans cette ville, la majorité du Conseil avait pris la fuite et un comité de bourgeois s'était emparé du pouvoir. La bourgeoisie y était, comme partout ailleurs, divisée en patriciat, opposition bourgeoise et plébéiens révolutionnaires. Ces derniers ouvrirent, le 25 avril, les portes de la ville aux paysans, qui l'occupèrent immédiatement. L'organisation de la *grande bande chrétienne,* ainsi que se nommaient maintenant les insurgés wurtembergeois, fut réalisée jusque dans le détail, et la solde, la répartition du butin et le ravitaillement, etc. furent réglés d'une façon définitive. Une compagnie de Stuttgart, commandée par Theus Gerber, se joignit aux paysans.

Le 29 avril, Feuerbacher marcha, à la tête de sa bande, contre ceux de Gaildorf, qui avaient pénétré dans le Wurtemberg à Schorndorf, rallia toute la région et les amena ainsi à se retirer. Il empêchait ainsi un dangereux renforcement des éléments révolutionnaires de sa bande dirigés par Rohrbach, renforcement qui aurait résulté de l'amalgame avec les paysans radicaux de Gaildorf. De Schorndorf, à la nouvelle de l'approche du sénéchal de Waldburg, il marcha contre ce dernier et établit son camp le 1er mai à Kirchheim-sous-Teck.

Nous avons ainsi décrit la naissance et le développement de l'insurrection dans cette partie de l'Allemagne que nous devons considérer comme le terrain du premier groupe des bandes paysannes. Avant de passer aux autres groupes (Thuringe et Hesse, Alsace, Autriche et Alpes), nous devons suivre la campagne du sénéchal, au cours de laquelle, seul tout d'abord, puis soutenu par un certain nombre de princes et de villes, il anéantit le premier groupe d'insurgés.

Nous avons laissé le sénéchal près d'Ulm, sur lequel il marcha vers la fin mars, après avoir laissé à Kirchheim-sous-Teck un corps d'observation, commandé par Dietrich Spät. Le corps du sénéchal, renforcé par les troupes de la Ligue concentrées à Ulm, comptait près de 10 000 hommes, dont 7 200 fantassins. C'était la seule armée avec laquelle on pût entreprendre une offensive contre les paysans. Les renforts ne se concentraient que très lentement à Ulm, soit à cause des difficultés du recrutement dans des pays insurgés, soit à cause du manque d'argent des gouvernements, et parce que partout les quelques troupes disponibles étaient plus qu'indispensables pour tenir les forteresses et les châteaux. Nous avons déjà vu à quel point les troupes dont disposaient les princes et les villes qui n'appartenaient pas à la Ligue souabe étaient peu nombreuses. Tout dépendait donc des succès que remporterait Georg Truchsess, à la tête de l'armée de la Ligue.

Le sénéchal se porta d'abord contre la *bande de Baltringen,* qui avait commencé entre temps à dévaster châteaux et cloîtres des environs du Ried. Les paysans, qui s'étaient retirés à l'approche des troupes de la Ligue, furent chassés des marais par une manœuvre d'enveloppement, traversèrent le Danube et se jetèrent dans les gorges et les forêts de l'Alpe souabe. Là où la cavalerie et l'artillerie, qui constituaient la principale force de l'armée de la Ligue, étaient impuissantes contre eux, le sénéchal ne les poursuivit pas. Il se tourna alors contre les paysans de Leipheim, qui se tenaient, au nombre de 5 000 à Leipheim, de 4 000 dans la vallée de la Mindel et de 6 000 à Illertissen, soulevaient toute la contrée, détruisaient cloîtres et châteaux, et se préparaient, les trois colonnes réunies, à marcher sur Ulm. Il semble qu'ici également une certaine démoralisation se soit produite chez les paysans et ait détruit la valeur militaire de la bande, car d'emblée Jakob Wehe essaya d'entamer des négociations avec le sénéchal. Mais ce dernier qui disposait maintenant d'une armée suffisante refusa tous pourparlers, attaqua le 4 avril le gros de la bande près de Leipheim et la dispersa entièrement. Jakob Wehe et Ulrich Schön, ainsi que deux autres chefs paysans, furent faits prisonniers et décapités. Leipheim capitula et, après quelques incursions dans la région, toute la contrée fut soumise.

Une nouvelle rébellion des mercenaires qui réclamaient le droit de piller et une solde supplémentaire arrêta à nouveau Truchsess jusqu'au 10 avril. Puis il se porta dans la direction du Sud-Ouest contre la *bande de Baltringen,* qui avait entre temps envahi ses domaines de Waldbourg, de Zeil et de Wolfegg et assiégeait ses châteaux. Là aussi, il trouva les paysans dispersés et les battit, les 11 et 12 avril, les uns après les autres, au cours de combats séparés à la suite desquels la bande de Baltringen fut également complètement désagrégée. Le reste, sous la direction du prêtre Florian, se replia sur la *bande du Lac.* C'est contre celle-ci que se tourna alors le sénéchal. La bande du Lac, qui entre temps, non seulement avait fait des coups de main, mais avait aussi amené les villes de Buchhorn (Friedrichshafen) et de Wollmatingen à adhérer à la confrérie chrétienne, tint le 13 mai un grand conseil de guerre au monastère de Salem et décida de marcher contre le sénéchal.

On sonna immédiatement le tocsin partout, et 10 000 hommes, auxquels se joignirent encore les restes de la bande de Baltringen, se rassemblèrent au camp de Bermatingen. Ils soutinrent, le 15 avril, un combat heureux contre le sénéchal qui ne voulait pas mettre ici son armée en jeu en engageant une bataille décisive et préféra entamer des négociations, d'autant plus qu'il venait d'apprendre que les paysans de l'Allgäu et du Hegau approchaient. C'est pourquoi il conclut, le 17 avril, à Weingarten, avec les paysans du Lac et ceux de Baltringen, un accord en apparence assez favorable pour eux, qu'ils acceptèrent sans hésitation. Il réussit également à faire accepter cet accord par les délégués du Haut et du Bas-Allgäu et se retira ensuite vers le Wurtemberg.

La ruse du sénéchal le sauva d'une défaite certaine. S'il n'avait pas réussi à séduire les paysans faibles, bornés, en grande partie déjà démoralisés, ainsi que leurs chefs pour la plupart incapables, timides et corruptibles, il eût été enfermé, avec sa petite armée, entre quatre colonnes, fortes d'au moins 25 à 30 000 hommes, et irrémédiablement perdu. Mais l'étroitesse bornée de ses adversaires, toujours inévitable chez les masses paysannes, lui permit de leur échapper précisément au moment où ils pouvaient d'un seul coup mettre fin à la guerre, du moins en Souabe et en Franconie.

Les paysans du Lac observèrent l'accord dans lequel, bien entendu, ils étaient finalement bernés avec tant de scrupule qu'ils prirent plus tard les armes contre leurs propres alliés, les hommes du Hegau. Quant à ceux de l'Allgäu, entraînés dans la trahison par leurs chefs, ils le répudièrent certes aussitôt, mais le sénéchal était déjà hors de danger.

Les paysans du Hegau, quoique non inclus dans l'accord de Weingarten, donnèrent immédiatement après une nouvelle preuve de l'étroitesse locale sans limite, du provincialisme obstiné qui causa la ruine de toute la Guerre des paysans. Après que le sénéchal eut négocié en vain avec eux et fut parti dans la direction du Wurtemberg, ils le suivirent et restèrent constamment sur ses flancs. Mais l'idée ne leur vint pas de s'unir à la grande bande chrétienne du Wurtemberg, sous prétexte que les paysans du Wurtemberg et de la vallée du Neckar avaient aussi une fois refusé de leur venir en aide. C'est pourquoi, lorsque le sénéchal se fut assez éloigné de leur pays, ils revinrent tranquillement sur leurs pas et marchèrent sur Fribourg.

Nous avons laissé les Wurtembergeois sous le commandement de Matern Feuerbacher à Kirchheim-sous-Teck, d'où le corps d'observation laissé par le sénéchal et commandé par Dietrich Spät s'était retiré sur Urach. Après une tentative infructueuse sur cette ville, Feuerbacher se tourna vers Nurtingen et écrivit à toutes les bandes d'insurgés des environs pour leur demander des renforts en vue de la bataille décisive. Il reçut, en effet, des renforts considérables du bas pays wurtembergeois, ainsi que du Gäu. Les paysans du Gäu surtout, qui s'étaient groupés autour des débris de la bande de Leipheim revenus dans l'ouest du Wurtemberg et avaient soulevé toute la haute vallée du Nagold et du Neckar, jusqu'à Boeblingen et Leonberg, accoururent en deux fortes colonnes et firent leur jonction le 5 mai à Nurtingen, avec Feuerbacher. À Boeblingen, le sénéchal se heurta aux deux bandes réunies. Leur nombre, l'importance de leur artillerie et la force de leur position le surprirent. Il commença immédiatement, selon sa méthode habituelle, à engager des négociations avec les paysans et conclut avec eux un armistice. À peine leur avait-il donné par là la sécurité qu'il les attaqua, le 12 mai, pendant l'armistice, et les contraignit à livrer une bataille décisive. Les paysans résistèrent longtemps et vaillamment, jusqu'à ce qu'enfin Boeblingen fût livrée au sénéchal par la trahison de la bourgeoisie de la ville. L'aile gauche des paysans, ainsi privée de son point d'appui, fut repoussée, tournée. Dès lors, le sort de la bataille était décidé. Le désordre s'introduisit dans les rangs des paysans indisciplinés, désordre qui se transforma rapidement en une fuite éperdue. Tous ceux qui ne furent pas massacrés ou faits prisonniers par les cavaliers de la Ligue jetèrent leurs armes et retournèrent chez eux. La « grande bande chrétienne », et avec elle toute l'insurrection wurtembergeoise, était complètement désagrégée. Theus Gerber réussit à s'enfuir à Esslingen, Feuerbacher s'enfuit en Suisse, Jäcklein Rohrbach fut fait prisonnier et traîné enchaîné à Neckargartach, où le sénéchal le fit attacher à un poteau, amasser du bois autour et rôtir ainsi tout vif à petit feu, pendant que lui-même, buvant avec ses chevaliers, se délectait à ce spectacle bien chevaleresque.

De Neckargartach, le sénéchal soutint par une incursion dans le Kraichgau les opérations de l'électeur palatin. Ce dernier, qui avait réussi entre temps à rassembler des troupes, rompit l'accord qu'il avait conclu avec les paysans dès qu'il apprit les succès remportés par le sénéchal, envahit le 23 mai le Bruchrain, prit et incendia Malsch après une résistance acharnée, dévasta un certain nombre de villages et occupa Bruchsal. En même temps le sénéchal attaqua par surprise Eppingen et fit prisonnier le chef de l'insurrection locale, Anton Eisenhut, que l'électeur fit immédiatement exécuter avec une dizaine d'autres chefs paysans. Le Bruchrain et le Kraichgau ainsi pacifiés furent contraints de verser une rançon d'environ 40 000 florins. Les deux armées, celle du sénéchal, réduite à 6 000 hommes par suite des pertes subies, et celle de l'électeur, forte de 6 500 hommes, se réunirent et marchèrent à la rencontre des paysans de l'Odenwald.

La nouvelle de la défaite de Boeblingen avait partout répandu la terreur parmi les insurgés. Les villes libres, qui avaient senti peser sur elles la lourde main des paysans, respirèrent soudain. Heilbronn fut la première à entreprendre des démarches pour se réconcilier avec la Ligue souabe. Heilbronn était le siège de la chancellerie paysanne et des délégations des différentes bandes insurgées, chargées d'élaborer les propositions à présenter à l'empereur et à l'Empire au nom de tous les paysans insurgés. Ces négociations, qui devaient avoir un résultat général, valable pour toute l'Allemagne, montrèrent une fois de plus qu'aucun ordre, pas plus celui des paysans que les autres, n'était suffisamment développé pour donner en partant de son point de vue une forme nouvelle à l'ensemble de l'état de choses en Allemagne. Il apparut immédiatement qu'il fallait gagner dans ce but la noblesse et surtout la bourgeoisie. C'est pourquoi on confia *à Wendel Hipler* la direction des négociations. Wendel Hipler était incontestablement, de tous les chefs du mouvement, celui qui comprenait le mieux la situation de l'époque. Ce n'était ni un révolutionnaire à larges vues, comme Münzer, ni un représentant des paysans, comme Metzler ou Rohrbach. Sa vaste expérience, sa connaissance pratique de la position respective des différents ordres, l'empêchaient de représenter l'un ou l'autre des ordres impliqués dans le mouvement à l'exclusion de tous les autres. De même que Münzer, représentant la classe placée complètement en dehors de la société officielle antérieure, les premiers éléments du prolétariat, fut amené à pressentir le communisme, de même Wendel Hipler, représentant pour ainsi dire la moyenne de tous les éléments progressifs de la nation, en arriva à pressentir la *société bourgeoise moderne*. Les principes qu'il défendait, les revendications qu'il posait, n'étaient certes pas ce qu'il était possible d'obtenir immédiatement, mais le résultat nécessaire, quelque peu idéalisé, de la décomposition réelle de la société féodale ; et les paysans, dès qu'ils se préoccupaient de faire des projets de loi valables pour tout l'Empire, étaient obligés de les admettre. C'est ainsi que la centralisation demandée par les paysans prit ici, à Heilbronn, une forme plus positive, très différente cependant de ce que se représentaient les paysans. Elle se précisa en réclamant par exemple l'unification de la monnaie, des poids et mesures, la suppression des douanes intérieures, etc., bref, en des revendications qui étaient beaucoup plus dans l'intérêt de la bourgeoisie des villes que des paysans. C'est ainsi qu'on fit à la noblesse des concessions qui se rapprochaient considérablement des libérations du servage moderne, et qui aboutissaient finalement à la transformation de la propriété foncière féodale en propriété bourgeoise. En un mot, dès que les revendications des paysans furent groupées sous forme d'une « réforme de l'Empire », elles durent se subordonner, non aux revendications momentanées, mais aux intérêts définitifs de la bourgeoisie.

Pendant qu'on discutait encore cette réforme de l'Empire à Heilbronn, Hans Berlin, l'auteur de la « *Déclaration des douze articles* », se rendait déjà au-devant du sénéchal pour négocier avec lui, au nom du patriciat et de la bourgeoisie, la reddition de la ville. Des mouvements réactionnaires, qui éclatèrent dans la ville, appuyèrent la trahison et Wendel Hipler dut s'enfuir avec les paysans. Il se rendit à Weinsberg, où il s'efforça de rassembler les débris des Wurtembergeois et les quelques troupes mobiles de la bande de Gaildorf. Mais l'approche de l'électeur du Palatinat et du sénéchal l'obligea à s'enfuir plus loin, et c'est ainsi qu'il dut se rendre à Wurzbourg pour mettre en mouvement la grande bande claire. Pendant ce temps, les troupes de la Ligue et de l'électeur soumirent toute la région du Neckar, obligèrent les paysans à prêter à nouveau serment à leurs seigneurs, incendièrent un grand nombre de villages et massacrèrent ou pendirent tous les paysans fuyards dont ils purent s'emparer. En manière de représailles pour l'exécution du comte de Helfenstein, Weinsberg fut incendiée.

Les bandes réunies devant Wurzbourg avaient, entre temps, assiégé le Frauenberg et le 15 mai, avant même que la brèche fût ouverte, tenté une attaque vaillante, mais vaine. Quatre cents guerriers des plus valeureux, appartenant pour la plupart à la légion de Florian Geyer, restèrent morts ou blessés dans les fossés. Deux jours plus tard, le 17, Wendel Hipler arriva et fit tenir conseil de guerre. Il proposa de ne laisser que 4 000 hommes devant le Frauenberg, et avec le gros de la bande, fort de 20 000 hommes, d'établir à Krautheim-sur-la-Jagst, sous les yeux mêmes du sénéchal, un camp où l'on concentrerait tous les renforts. Le plan était excellent, car ce n'est que grâce à la concentration de toutes les forces et à leur supériorité numérique sur l'adversaire que l'on pouvait désormais espérer vaincre l'armée des princes, forte de 13 000 hommes. Mais la démoralisation et le découragement avaient déjà fait trop de ravages parmi les paysans pour permettre encore une action énergique quelconque. Il semble que Götz von Berlichingen, qui se démasqua bientôt comme un traître, ait également contribué à retenir la bande, et ainsi le plan de Hipler ne fut jamais exécuté. Tout au contraire, les bandes continuèrent à être éparpillées. Ce n'est que le 23 mai que la grande bande claire se mit en mouvement, après que les Franconiens eurent promis de la suivre le plus rapidement possible. Le 26 mai, les contingents du margraviat d'Ansbach campés à Wurzbourg furent rappelés chez eux à la nouvelle que le margrave avait ouvert les hostilités contre les paysans. Le reste de l'armée des assiégeants, avec la légion noire de Florian Geyer, prit position près de Heidingsfeld, non loin de Wurzbourg.

La grande bande claire arriva le 24 mai à Krautheim assez peu prête à se battre. Là, un grand nombre de paysans apprirent que leurs villages avaient entre temps prêté serment au sénéchal de Waldburg, et ils profitèrent de ce prétexte pour rentrer chez eux. La bande continua sa route sur Neckarsulm et entama, le 28, des négociations avec le sénéchal. En même temps on envoya des émissaires aux Franconiens, aux Alsaciens et aux paysans de la Forêt-Noire et de l'Hegau, pour leur demander d'envoyer rapidement des renforts. De Neckarsulm, Götz von Berlichingen revint à Oehringen. La bande fondait à vue d'œil. Götz lui-même disparut pendant la marche. Il était rentré chez lui, après avoir négocié avec le sénéchal, par l'intermédiaire de son vieux camarade de combat Dietrich Spät, son passage à la cause des princes. À Oehringen, par suite de fausses nouvelles sur l'approche de l'ennemi, une terreur panique s'empara de la masse des paysans déconcertés et découragés. La bande se dispersa dans un désordre complet, et ce ne fut qu'à grand-peine que Metzler et Wendel arrivèrent à rassembler 2 000 hommes, qu'ils ramenèrent à Krautheim. Entre temps, le contingent franconien fort de 5 000 hommes était arrivé, mais une marche de flanc sur Oehringen par Löwenstein, manifestement ordonnée par Götz dans un but de trahison, lui fit manquer la bande claire et il marcha sur Neckarsulm. Cette petite ville, occupée par quelques compagnies de la grande bande claire, fut assiégée par le sénéchal. Les Franconiens arrivèrent dans la nuit et virent les feux de camp des troupes de la Ligue, mais leurs chefs n'osèrent attaquer et se retirèrent sur Krautheim, où ils trouvèrent enfin le reste de la grande bande claire. Ne voyant arriver aucun secours, Neckarsulm se rendit, le *29*, aux troupes de la Ligue. Le sénéchal fit immédiatement exécuter treize paysans et se porta à la rencontre de la bande, en incendiant, pillant et massacrant tout sur son passage. Dans toute la vallée du Neckar, du Kocher à de la Jagst, les monceaux de décombres et les cadavres des paysans pendus aux arbres marquaient son passage.

À Krautheim, l'armée de la Ligue se heurta aux paysans qui, contraints par un mouvement de flanc du sénéchal, s'étaient retirés à Koenigshofen, sur la Tauber. Ils s'y retranchèrent, forts de 8 000 hommes et de 32 canons. Le sénéchal s'approcha d'eux en s'abritant derrière les collines et les bois, fit avancer des colonnes d'enveloppement et attaqua le 2 juin avec une telle supériorité de forces et une telle vigueur que, malgré la résistance opiniâtre de plusieurs colonnes, qui se poursuivit jusque dans la nuit, les paysans furent complètement battus et dispersés. Là comme ailleurs, la cavalerie de la Ligue, la « mort des paysans », contribua principalement à l'anéantissement de l'armée des insurgés ; se jetant sur les paysans ébranlés par les salves d'artillerie et d'arquebuses et les attaques à la lance, elle les mit complètement en déroute et les massacra les uns après les autres. Ce qui montre de quelle façon le sénéchal faisait la guerre, c'est le sort des 300 bourgeois de Koenigshofen qui se trouvaient dans l'armée paysanne. Ils furent tous tués au cours de la bataille, à l'exception de quinze, et sur ces quinze, quatre encore furent décapités par la suite.

Après s'être ainsi débarrassé des paysans de l'Odenwald, de la vallée du Neckar et de la Basse-Franconie, le sénéchal soumit toute la région en procédant à des incursions, à l'incendie de villages entiers et à d'innombrables exécutions, et il marcha ensuite sur Wurzbourg. En chemin, il apprit que la deuxième bande franconienne, sous le commandement de Florian Geyer et de Gregor von Burgbernheim, se trouvait à Sulzdorf, et il se porta immédiatement à sa rencontre.

Florian Geyer, qui, depuis l'échec de son attaque contre le Frauenberg [1], s'était occupé principalement de négocier avec les princes et les villes, surtout avec la ville de Rothenbourg et le margrave Casimir d'Ansbach, leur adhésion à la confrérie des paysans, fut brusquement rappelé par la nouvelle de la défaite de Koenigshofen. Il se joignit avec sa bande à celle d'Ansbach, conduite par Gregor von Burgbernheim. Celle-ci s'était tout nouvellement constituée. Le margrave Casimir, en véritable Hohenzollern, avait réussi à tenir en échec l'insurrection paysanne sur son territoire, soit par des promesses, soit par des concentrations de troupes menaçantes. Il observa une neutralité complète à l'égard de toutes les bandes paysannes, tant qu'elles n'attirèrent aucun sujet d'Ansbach. Il s'efforça surtout de diriger la haine des paysans vers les domaines ecclésiastiques, de la confiscation finale desquels il espérait s'enrichir. En même temps, il ne cessait de poursuivre ses préparatifs militaires en attendant les événements. Dès que fut parvenue la nouvelle de la bataille de Boeblingen, il ouvrit immédiatement les hostilités contre ses paysans rebelles, pilla et incendia leurs villages et en fit pendre et massacrer un grand nombre. Cependant les paysans se rassemblèrent rapidement et le battirent sous le commandement de Gregor von Burgbernheim, le 29 mai, à Windsheim. Pendant qu'ils étaient encore à sa poursuite, ils reçurent l'appel au secours des paysans de l'Odenwald serrés de près, et se rendirent aussitôt à Heidingsfeld, et de là, avec Florian Geyer, de nouveau à Wurzbourg (2 juin). Toujours sans nouvelles de la bande de l'Odenwald, ils y laissèrent un corps de 5 000 hommes, et avec 4 000 hommes — le reste s'était dispersé — ils partirent à la poursuite des autres. Rendus confiants par de fausses nouvelles concernant l'issue de la bataille de Koenigshofen, ils furent surpris à *Sulzdorf*, par le sénéchal de Waldburg, et complètement battus. Là comme ailleurs, les cavaliers et les mercenaires du sénéchal se livrèrent à un massacre épouvantable. Florian Geyer rassembla les restes de la légion noire, soit 600 hommes en tout, et réussit à passer jusqu'au village d'Ingolstadt ; 200 hommes occupèrent le cimetière et l'église, 400 le château. Les troupes du Palatin l'y poursuivirent. Une colonne de 1 200 hommes s'empara du village et mit le feu à l'église. Tout ce qui ne périt pas dans les flammes fut massacré. Puis les troupes palatines ouvrirent une brèche dans les murs délabrés du château et tentèrent l'assaut. Deux fois repoussés

---

[1] Des recherches faites par les historiens modernes, il résulte que Florian Geyer n'a pas participé à cette attaque malheureuse contre le Frauenberg, étant précisément occupé, à ce moment, à négocier avec le

par les paysans qui se tenaient à l'abri d'un mur intérieur, ils démolirent ce mur à coups de canon et tentèrent un troisième assaut, qui cette fois réussit. La moitié des gens de Geyer furent massacrés, lui-même réussit à s'échapper avec deux cents survivants. Mais dès le lendemain (qui était le lundi de la Pentecôte) son refuge fut découvert. Les Palatins cernèrent le bois où il s'était caché et sabrèrent toute la bande. Pendant ces deux journées, ils ne firent que 17 prisonniers. Florian Geyer réussit, encore une fois, à s'échapper avec quelques-uns de ses hommes les plus résolus. Il se rendit auprès de la bande de Gaildorf, qui s'était de nouveau rassemblée, au nombre de 7 000 hommes. Mais lorsqu'il arriva, il la trouva, par suite des nouvelles désastreuses qui parvenaient maintenant de tous côtés, à nouveau dissoute en majorité. Il essaya encore une fois de rassembler les hommes dispersés dans les forêts, mais il fut surpris le 9 juin à Hall par les troupes de la Ligue e. tomba en combattant [1].

Le sénéchal qui, immédiatement après la victoire de Koenigshofen, en avait informé les assiégés de Frauenberg, marcha alors sur Wurzbourg. Le Conseil de cette ville s'entendit secrètement avec lui, de telle sorte que l'armée de la

Conseil de Rothenbourg, au sujet de l'adhésion de cette ville à l'insurrection paysanne.

1 Il est établi aujourd'hui que Florian Geyer n'est pas mort en combattant les troupes de la Ligue souabe, mais traîtreusement assassiné à Rimpar, près de Wurzbourg, par son beau-frère (ou sur ses ordres), Wilhelm de Grumbach, frère de Barbara de Grumbach, femme de Florian Geyer.

Ligue put, la nuit du 7 juin, cerner la ville avec les 5 000 paysans qui s'y trouvaient et, dès le lendemain matin, pénétrer sans coup férir dans Wurzbourg dont les portes lui avaient été ouvertes par le Conseil. Grâce à cette trahison des notables de Wurzbourg, la dernière bande franconienne fut désarmée et tous ses chefs faits prisonniers. Le sénéchal en fit immédiatement décapiter 81. À Wurzbourg arrivèrent l'un après l'autre les différents princes franconiens, l'évêque de Wurzbourg lui-même, celui de Bamberg et le margrave de Brandebourg-Ansbach. Ces seigneurs se partagèrent les rôles. Le sénéchal partit avec l'évêque de Bamberg, qui rompit immédiatement l'accord qu'il avait conclu avec ses paysans et livra son pays aux hordes déchaînées d'incendiaires et d'assassins de l'armée de la Ligue. Le margrave Casimir dévasta son propre pays. Deiningen fut incendiée. De nombreux villages furent livrés au pillage et aux flammes. En outre, le margrave tint dans chaque village une juridiction criminelle. À Neustadt-sur-Aisch, il fit décapiter dix-huit rebelles, et, à Bergel, quarante-trois. De là, il se rendit à Rothenbourg, où le patriciat avait déjà fait une contre-révolution et fait arrêter Stephan von Menzingen. Les petits bourgeois et les plébéiens de Rothenbourg durent alors payer cher d'avoir eu une attitude aussi équivoque à l'égard des paysans, de leur avoir jusqu'au dernier moment refusé tout secours, d'avoir, dans un esprit d'égoïsme local étroit, contribué à l'écrasement de l'industrie rurale au bénéfice des corporations de la ville, et de n'avoir renoncé que de mauvaise grâce aux revenus municipaux provenant des prestations féodales des paysans. Le margrave en fit décapiter seize, et en premier lieu naturellement, Menzingen. — L'évêque de Wurzbourg parcourut de la même façon son territoire, pillant, dévastant et incendiant. Dans sa marche victorieuse, il fit exécuter 256 rebelles et couronna son œuvre, à son retour à Wurzbourg, en y faisant décapiter encore treize habitants.

Dans la région de Mayence, le gouverneur évêque Guillaume de Strasbourg rétablit l'ordre sans rencontrer de résistance. Il ne fit exécuter que quatre personnes. Le Rheingau, qui s'était également agité, mais où, depuis longtemps, les paysans étaient rentrés chez eux, fut attaqué par surprise par Frowin von Hutten, le cousin d'Ulrich, et « pacifié » complètement par l'exécution de douze meneurs. Francfort, qui avait aussi connu d'importants mouvements révolutionnaires, avait été tenue en bride, d'abord par les concessions faites par le Conseil, plus tard par l'arrivée des troupes recrutées par la ville. Dans le Palatinat rhénan, à la suite de la rupture par l'électeur de l'accord qu'il avait signé, environ 8 000 paysans s'étaient de nouveau rassemblés et avaient recommencé à incendier monastères et châteaux. L'archevêque de Trèves appela à son secours le maréchal Habern et les battit, dès le 23 mai, à Pfeddersheim. Toute une série d'actes de cruauté (à Pfeddersheim seulement 82 paysans furent exécutés) et la prise de Wissembourg mirent fin, dès le 7 juillet, à l'insurrection.

De toutes les bandes paysannes, il n'en restait plus que deux à vaincre, celle de l'Hegau et de la Forêt-Noire, et celle de l'Allgäu. Avec toutes deux, l'archiduc Ferdinand avait intrigué. De même que le margrave Casimir et d'autres princes avaient cherché à utiliser l'insurrection pour confisquer des terres et des principautés ecclésiastiques, de même l'archiduc s'était efforcé de s'en servir pour agrandir les domaines de la maison d'Autriche. Il avait entamé des négociations avec Walter Bach, le chef des paysans de l'Allgäu, et avec Hans Müller de Bulgenbach, qui commandait la bande de l'Hegau, afin d'amener les paysans à se déclarer partisans de l'annexion à l'Autriche. Mais quoique l'un et l'autre fussent corruptibles, il leur fut impossible d'obtenir de leurs bandes plus que la conclusion par les hommes de l'Allgäu d'un armistice avec l'archiduc et le respect de la neutralité vis-à-vis de l'Autriche.

Au cours de leur évacuation du Wurtemberg, les *paysans de 1'Hegau* avaient détruit un certain nombre de châteaux et reçu des renforts provenant des territoires du margrave de Bade. Le 13 mai, ils marchèrent sur Fribourg, qu'ils bombardèrent à partir du 16 et dans laquelle ils pénétrèrent, le 23, drapeaux déployés, après la capitulation de la ville. De là ils marchèrent sur Stockach et Radolfzell, et guerroyèrent longtemps sans résultat contre les garnisons de la ville. Celles-ci, ainsi que la noblesse et les villes environnantes, appelèrent à leur secours, en vertu du traité de Weingarten, les paysans du Lac et les anciens insurgés de la bande du Lac se levèrent au nombre de 5 000 contre leurs propres alliés. Telle était l'étroitesse stupide de ces paysans que 600 seulement refusèrent de marcher, essayèrent de se joindre aux hommes de l'Hegau et furent massacrés. Mais les paysans de l'Hegau, à l'instigation de Hans Müller de Bulgenbach qui avait été acheté, avaient levé le siège et s'étaient dispersés pour la plupart, lorsque Hans Müller aussitôt après prit la fuite. Les autres se retranchèrent sur les pentes d'Hiltzing, où ils furent, le 16 juillet, défaits et anéantis par les troupes devenues entre temps disponibles. Les villes suisses s'entremirent pour obtenir un accord pour les paysans de l'Hegau, accord qui n'empêcha pas qu'Hans Müller de Bulgenbach, malgré sa trahison, fut arrêté et décapité à Laufenbourg. Dans le Brisgau, Fribourg se détacha (17 juillet) de la ligue paysanne et envoya des troupes contre elle, Mais ici aussi, à cause de la faiblesse numérique des forces des princes, un accord fut signé le 18 septembre à Offenbourg [1], dans lequel on engloba également le Sundgau. Les huit unions de la Forêt-Noire et les paysans du Klettgau, qui n'avaient pas encore été désarmés, furent encore une fois poussés à l'insurrection par la tyrannie du comte de Soultz, et battus en octobre. Le 13 novembre les paysans de la Forêt-Noire furent contraints de signer un accord [2], et le 6 décembre Waldshut, le dernier rempart de l'insurrection sur le Rhin supérieur, tomba.

Après la retraite du sénéchal, les paysans *de l'Allgäu* avaient repris leur campagne contre les monastères et les châteaux et exercé des représailles énergiques pour les dévastations commises par les troupes de la Ligue. On ne leur opposa que peu de troupes, qui entreprirent contre eux de petites attaques isolées, mais ne purent jamais les suivre dans les forêts. En juin, un mouvement éclata à Memmingen qui s'était montrée relativement neutre, contre le patriciat, mouvement que seul permit de réprimer le voisinage de quelques troupes de la Ligue, qui purent venir à temps porter secours aux notables. Schappeler, prédicateur et chef du mouvement plébéien, s'enfuit à Saint-Gall. Les paysans marchèrent sur la ville et ils se préparaient à ouvrir une

---

1 Le traité signé avec le gouvernement autrichien promettait l'amnistie aux simples participants qui reconnaissaient les charges féodales. Il fut naturellement rompu et des représailles sanglantes s'exercèrent.

2 Traité de même nature que celui d'Offenbourg.

brèche dans les murs, lorsqu'ils apprirent que le sénéchal approchait, venant de Wurzbourg. Le 27 juin, ils marchèrent à sa rencontre, en deux colonnes, par Babenhausen et Obergunzbourg. L'archiduc Ferdinand fit alors une nouvelle tentative pour gagner les paysans à la maison d'Autriche. S'appuyant sur l'armistice qu'il avait conclu avec eux, il donna l'ordre au sénéchal d'arrêter les hostilités contre les paysans. Mais la Ligue souabe lui ordonna de les attaquer et d'arrêter seulement les massacres et les incendies. Cependant le sénéchal était bien trop intelligent pour renoncer à sa meilleure arme, même s'il lui eût été possible de brider ses mercenaires, qu'il avait conduits d'exactions en exactions du lac de Constance jusqu'au Main. Les paysans, au nombre de 23 000, prirent position derrière la Iller et la Leubas. Le sénéchal se plaça en face d'eux, à la tête d'une armée de 11 000 hommes. Les positions des deux armées étaient fortes. La cavalerie ne pouvait pas agir sur ce terrain, et si les mercenaires du sénéchal étaient supérieurs aux paysans au point de vue de l'organisation, des moyens militaires et de la discipline, les paysans de l'Allgäu comptaient dans leurs rangs un grand nombre de soldats aguerris et de capitaines expérimentés, et disposaient d'une artillerie nombreuse et bien servie. Le 19 juillet, les troupes de la Ligue ouvrirent un feu d'artillerie, qui se poursuivit le 20 des deux côtés, mais sans résultat. Le 21, Georg von Frundsberg, avec 300 mercenaires, se joignit au sénéchal. Il connaissait personnellement un grand nombre des chefs paysans, qui avaient servi sous ses ordres dans les campagnes d'Italie et entama des pourparlers avec eux. La trahison réussit là où les moyens militaires avaient échoué. Walter Bach, plusieurs autres capitaines et commandants d'artillerie se laissèrent acheter. Ils firent incendier toute la réserve de poudre des paysans et décidèrent ces derniers à faire une tentative d'enveloppement. Mais à peine les paysans avaient-ils quitté leurs solides positions qu'ils tombèrent dans le guet-apens que le sénéchal, d'accord avec Bach et les autres chefs traîtres, leur avait tendu. Ils pouvaient d'autant moins se défendre que leurs chefs les avaient quittés, sous le prétexte d'une reconnaissance à faire et se trouvaient déjà en route pour la Suisse. Deux des colonnes paysannes furent ainsi complètement détruites, la troisième put encore se retirer en bon ordre sous la direction de Knopf de Leubas. Elle se rétablit sur le Kollenberg, près de Kempten, où le sénéchal la cerna. Mais là non plus il n'osa pas l'attaquer. Il se contenta de lui couper le ravitaillement et s'efforça de la démoraliser en faisant incendier près de 200 villages des environs. La famine et le spectacle de leurs habitations en flammes décidèrent finalement les paysans à se rendre (25 juillet). Plus de vingt d'entre eux furent immédiatement exécutés. Knopf de Leubas, le seul chef de cette bande qui n'eût pas trahi son drapeau, réussit à s'enfuir à Bregenz. Mais là il fut arrêté et pendu après un long séjour en prison.

Ainsi se termina la Guerre des paysans souabes et franconiens.

VI

[LA GUERRE DES PAYSANS EN THURINGE, EN ALSACE ET EN AUTRICHE]

Dès le début des premiers mouvements en Souabe, Thomas Münzer était revenu en toute hâte en Thuringe et s'était établi, fin février ou début de mars, dans la ville libre de *Mulhausen* où ses partisans étaient le plus nombreux. Il tenait dans ses mains les fils de tout le mouvement. Il savait quelle tempête générale était sur le point de se déchaîner sur l'Allemagne du Sud et avait pris sur lui de faire de la Thuringe le centre du mouvement pour l'Allemagne du Nord. Il trouva un terrain tout à fait fécond. La Thuringe elle-même, principal centre de la Réforme, était extrêmement agitée. La misère matérielle des paysans, ainsi que les doctrines révolutionnaires, religieuses et politiques en circulation, avaient également préparé les contrées voisines : la Hesse, la Saxe et le Hartz à une insurrection générale. À Mulhausen en particulier, la grande masse de la petite bourgeoisie était gagnée aux idées extrêmes de Münzer et était impatiente de faire valoir sa supériorité numérique sur l'orgueilleux patriciat. Münzer lui-même se vit contraint, pour ne pas anticiper sur le moment opportun, de modérer l'ardeur de ses partisans. Mais son disciple Pfeifer, qui dirigeait le mouvement à Mulhausen, s'était déjà tellement compromis qu'il se trouvait dans l'impossibilité de retarder l'explosion, et c'est pourquoi, dès le 17 mars 1525, avant même le soulèvement général dans l'Allemagne du Sud, Mulhausen fit sa révolution. Le vieux Conseil patricien fut renversé et le gouvernement de la ville confié au nouveau « Conseil éternel », dont Münzer fut nommé président [1].

C'est le pire qui puisse arriver au chef d'un parti extrême que d'être obligé d'assumer le pouvoir à une époque où le mouvement n'est pas encore mûr pour la domination de la classe qu'il représente et pour l'application des mesures

---

[1] Les recherches ont depuis établi que Münzer n'avait pas de fonction officielle au « Conseil éternel ». Mais comme il participait aux séances et dirigeait son activité, il était pratiquement le chef du mou-

qu'exige la domination de cette classe. Ce qu'il peut faire ne dépend pas de sa volonté, mais du stade où en est arrivé l'antagonisme des différentes classes et du degré de développement des conditions d'existence matérielles et des rapports de production et d'échange, qui déterminent, à chaque moment donné, le degré de développement des oppositions de classes. Ce qu'il *doit* faire, ce que son propre parti exige de lui, ne dépend pas non plus de lui, pas plus que du degré de développement de la lutte de classe et de ses conditions. Il est lié aux doctrines qu'il a enseignées et aux revendications qu'il a posées jusque-là, doctrines et revendications qui ne sont pas issues de la position momentanée des classes sociales en présence et de l'état momentané, plus ou moins contingent, des rapports de production et d'échange, mais de sa compréhension plus ou moins grande des résultats généraux du mouvement social et politique. Il se trouve ainsi nécessairement placé devant un dilemme insoluble : ce qu'il peut faire contredit toute son action passée, ses principes et les intérêts immédiats de son parti, et ce qu'il doit faire est irréalisable. En un mot, il est obligé de ne pas représenter son parti, sa classe, mais la classe pour la domination de laquelle le mouvement est précisément mûr. Il est obligé, dans l'intérêt de tout le mouvement, de réaliser les intérêts d'une classe qui lui est étrangère et de payer sa

---

vement révolutionnaire.

propre classe de phrases, de promesses et de l'assurance que les intérêts de cette classe étrangère sont ses propres intérêts. Quiconque tombe dans cette situation fausse est irrémédiablement perdu. Nous en avons eu encore tout récemment des exemples. Rappelons seulement la position qu'adoptèrent les représentants du prolétariat dans le dernier gouvernement provisoire français [1], quoiqu'ils ne représentent eux-mêmes qu'un stade très inférieur du développement du prolétariat. Quiconque après l'expérience du gouvernement de février, — pour ne rien dire de nos nobles gouvernements provisoires allemands et de nos régences d'Empire — peut spéculer encore sur des positions officielles, doit ou bien être borné au-delà de toute mesure ou n'appartenir qu'en paroles seulement au parti révolutionnaire extrême.

La position de Münzer à la tête du Conseil éternel de Mulhausen était cependant beaucoup plus risquée encore que celle de n'importe quel gouvernant révolutionnaire moderne. Non seulement le mouvement de l'époque, mais aussi son siècle n'étaient pas encore mûrs pour la réalisation des idées qu'il avait seulement commencé lui-même à pressentir confusément. La classe qu'il représentait, bien loin d'être complètement développée et capable de dominer

[1] Il s'agit du gouvernement provisoire formé après la révolution de février et dans lequel entrèrent Louis Blanc et l'ouvrier Albert.

et de transformer toute la société, ne faisait que de naître. La transformation sociale qui hantait son imagination était encore si peu fondée dans les conditions matérielles de l'époque que ces dernières préparaient même un ordre social qui était précisément le contraire de celui qu'il rêvait d'instituer. Cependant, il restait lié à ses anciens prêches sur l'égalité chrétienne et la communauté évangélique des biens. Il devait donc tout au moins essayer de les mettre en application. C'est pourquoi il proclama la communauté des biens, l'obligation au travail égale pour tous et la suppression de toute autorité. Mais en réalité Mulhausen resta une ville libre républicaine, avec une Constitution un peu démocratisée, avec un Sénat élu au suffrage universel, soumis au contrôle de l'assemblée des citoyens et un système de ravitaillement des pauvres improvisé à la hâte. La révolution sociale, qui épouvantait à tel point les contemporains bourgeois protestants, n'alla jamais en fait au-delà d'une faible et inconsciente tentative pour instaurer prématurément la future société bourgeoise.

Münzer lui-même semble avoir senti l'abîme existant entre ses théories et la réalité qu'il avait directement devant lui, abîme qui pouvait d'autant moins lui rester caché que le reflet de ses conceptions géniales devait être plus déformé dans les têtes incultes de la grande masse de ses partisans. Il se lança avec un zèle inouï, même chez lui, dans l'extension et l'organisation du mouvement. Il rédigeait des messages et envoyait des courriers et des émissaires dans toutes les directions. Ses écrits et ses prêches respirent un fanatisme révolutionnaire qui étonne, même après ses précédents ouvrages. L'humour jeune et naïf de ses pamphlets révolutionnaires a complètement disparu. Le langage serein et didactique du penseur, qui ne lui était pas étranger jusque-là, n'apparaît plus. Münzer est désormais tout entier le prophète de la révolution. Il attise sans arrêt la haine contre les classes dominantes, il excite les passions les plus effrénées et n'emploie plus que les tournures violentes que met dans sa bouche le délire religieux et national des prophètes de l'Ancien Testament. On se rend compte, d'après le style qu'il devait dès lors s'approprier, quel était le niveau de culture du public sur lequel il devait agir.

L'exemple de Mulhausen et l'agitation de Münzer agirent bien vite au loin. En *Thuringe,* dans *l'Eichsield,* le *Hartz,* les *duchés saxons,* dans la *Hesse* et la *Fulda,* en *Haute-Franconie* et dans le *Vogtland,* les paysans se soulevèrent partout, se rassemblèrent en bandes et incendièrent châteaux et monastères. Münzer était plus ou moins reconnu comme le chef de tout le mouvement et Mulhausen en resta le point central, tandis qu'à Erfurt triomphait un mouvement purement bourgeois et que le parti dominant y observa constamment une attitude équivoque à l'égard des paysans.

Les princes se trouvèrent au début en Thuringe tout aussi décontenancés et impuissants en face des paysans qu'en Franconie et en Souabe. Ce n'est que dans les derniers jours d'avril que le landgrave de Hesse réussit à rassembler une armée — ce même landgrave Philippe, dont les historiens protestants et bourgeois de la Réforme ne savent pas assez vanter la piété. Nous allons donner immédiatement un petit aperçu des infamies commises par lui contre les paysans. Le landgrave Philippe soumit bientôt, au moyen de quelques rapides expéditions et d'une action énergique, la plus grande partie de son pays, leva de nouveaux contingents et pénétra ensuite sur le territoire de l'abbé de Fulda jusqu'alors son suzerain. Le 3 mai, il battit sur le Frauenberg la bande des paysans de Fulda, soumit toute la contrée et saisit l'occasion, non seulement pour se défaire de la suzeraineté de l'abbé, mais même pour transformer l'abbaye de Fulda en un fief hessois — sous réserve naturellement de sa sécularisation ultérieure. Puis il s'empara d'Eisenach et de Langensalza, et marcha, après avoir fait sa jonction avec les troupes du duc de Saxe, contre le centre principal de la rébellion, Mulhausen. Münzer rassembla ses forces, environ 8 000 hommes avec quelques canons, à Frankenhausen. La bande thuringienne était très loin de posséder la combativité dont firent preuve une partie des bandes de la Haute-Souabe et de Franconie en face du sénéchal de Waldburg. Elle était mal armée et peu disciplinée, comptait peu de soldats aguerris et manquait absolument de chefs. Münzer lui-même ne possédait manifestement pas les moindres connaissances militaires. Cependant les princes trouvèrent opportun d'employer également ici la tactique qui avait permis si souvent au sénéchal de remporter la victoire : le parjure. Le 16 mai ils entamèrent des négociations avec les paysans, conclurent avec eux un armistice et les assaillirent brusquement, avant même qu'il fût expiré.

Münzer se tenait avec les siens sur la hauteur appelée encore aujourd'hui le Schlachtberg, retranché derrière une barricade de chariots. Le découragement grandissait déjà considérablement parmi les paysans. Les princes promirent une amnistie générale si les paysans consentaient à leur livrer Münzer vivant. Ce dernier fit former un cercle pour discuter les propositions des princes. Un chevalier et un prêtre se prononcèrent pour la capitulation. Münzer les fit immédiatement placer au milieu du cercle et décapiter. Cet acte d'énergie terroriste, accueilli avec enthousiasme par les révolutionnaires résolus, raffermit le moral des paysans. Mais ils se seraient malgré tout finalement dispersés pour la plupart sans opposer de résistance, s'ils n'avaient pas remarqué que les mercenaires des princes, après avoir cerné toute la hauteur, avançaient en colonnes serrées, malgré l'armistice. Rapidement les paysans se mirent en ordre de bataille derrière les chariots. Mais déjà les balles et les obus atteignaient les paysans à demi désarmés et inexpérimentés, déjà les mercenaires arrivaient au niveau de la barricade de chariots. Après une courte résistance, la ligne de chariots fut forcée, les canons des paysans furent pris et eux-mêmes dispersés. Ils s'enfuirent dans un désordre épouvantable, pour tomber d'autant plus sûrement aux mains des colonnes d'enveloppement et de la cavalerie, qui en firent un massacre inouï. Sur huit mille paysans, cinq mille furent massacrés. Le reste entra dans Frankenhausen, suivi de près par la cavalerie des princes. La ville fut prise. Münzer blessé à la tête fut découvert dans une maison et fait prisonnier. Le 25 mai, Mulhausen se rendit également. Pfeifer qui y était resté réussit à s'enfuir, mais il fut arrêté sur le territoire d'Eisenach.

Münzer fut mis à la torture en présence des princes et décapité. Il se rendit sur le lieu du supplice avec le même courage qu'il avait manifesté toute sa vie. Il avait tout au plus vingt-huit ans lorsqu'il fut exécuté. Pfeifer aussi fut décapité ; mais outre ces deux-là, encore une foule d'autres. À

Fulda l'homme de Dieu, Philippe de Hesse, avait commencé à exercer sa justice sanglante. Les princes saxons et lui firent entre autres exécuter 24 personnes à Eisenach, 41 à Langensalza, 300 après la bataille de Frankenhausen, à Mulhausen plus de 100, à Gœrmar 26, à Tungeda 50, à Sangerhausen 12, à Leipzig 8, pour ne rien dire des mutilations et autres moyens plus bénins, des pillages et incendies de villages et de villes.

Mulhausen perdit sa qualité de ville libre et fut annexée aux territoires saxons, tout comme l'abbaye de Fulda au landgraviat de Hesse.

Les princes franchirent ensuite la forêt de Thuringe, où des paysans franconiens du camp de Bildhausen s'étaient joints aux paysans thuringiens et avaient incendié un grand nombre de châteaux. La bataille s'engagea devant Meiningen. Les paysans furent battus et se replièrent sur la ville. Celle-ci leur ferma brusquement ses portes et menaça de les attaquer par derrière. Les paysans, acculés par cette trahison de leurs alliés, capitulèrent devant les princes et se dispersèrent sans attendre la fin des négociations. Le camp de Bildhausen s'était depuis longtemps dispersé, et c'est ainsi qu'avec la mise en déroute de cette bande fut anéanti le dernier reste des insurgés de la Saxe, de la Hesse, de la Thuringe et de la Haute-Franconie.

En *Alsace,* l'insurrection avait éclaté plus tard que sur la rive droite du Rhin. Ce n'est que vers la mi-avril que les paysans de l'évêché de Strasbourg, puis peu après ceux de la Haute-Alsace et du Sundgau se soulevèrent. Le 18 avril, une bande de paysans de la Basse-Alsace pilla le monastère d'Altdorf. D'autres bandes de paysans se constituèrent près d'Ebersheim et de Barr, ainsi que dans la vallée de la Willer et de l'Urbis. Toutes ces bandes s'unirent pour former la grande bande de la Basse-Alsace, organisèrent la prise des villes et des bourgs et la destruction des monastères. Partout on mobilisa un homme sur trois. Les douze articles de cette bande sont beaucoup plus radicaux que ceux des paysans souabes et franconiens.

Tandis qu'une colonne de paysans de Basse-Alsace se rassemblait, au début de mai, près de Saint-Hippolyte et, après une vaine tentative de s'emparer de cette ville, entrait le 10 mai à Barken, le 13 à Ribeauvillé, le 14 à Riquewihr, de connivence avec les bourgeois de ces différentes villes, une deuxième colonne, ayant à sa tête Erasmus Gerber, marcha sur Strasbourg pour s'en emparer par surprise. La tentative échoua. La colonne se tourna alors dans la direction des

Vosges, détruisit le cloître de Marmoutier et assiégea Saverne, qui se rendit le 13 mai. De là, elle marcha sur la frontière lorraine et souleva la partie contiguë du duché, tandis qu'en même temps elle fortifiait les défilés de la montagne. De grands camps furent constitués à Herbitzheim, sur la Sarre, et à Neubourg. À Sarreguemines 4 000 paysans lorrains-allemands se retranchèrent. Deux colonnes avancées, celle de Kolben dans les Vosges, à Sturzelbronn, et celle de Kleeburgen, à Wissembourg, couvrirent le front et le flanc droit, tandis que le flanc gauche s'appuyait sur les paysans de la Haute-Alsace.

Ces derniers, en mouvement depuis le 20 avril, avaient obligé le 10 mai Soultz, le 12 Guebwiller, le 15 Cernay et les environs à adhérer à la confrérie paysanne. Le gouvernement autrichien et les villes libres des environs se liguèrent certes immédiatement contre eux, mais furent hors d'état de leur opposer une résistance sérieuse, à plus forte raison de les attaquer. C'est ainsi qu'à l'exception d'un petit nombre de villes l'Alsace tout entière était, vers le milieu de mai, aux mains des insurgés.

Mais déjà s'approchait l'armée qui devait châtier l'audace impie des paysans alsaciens. Ce furent des *Français* qui restaurèrent ici la domination féodale. Dès le 6 mai, le duc

Antoine de Lorraine se mit en marche à la tête d'une armée de 30 000 hommes, comprenant la fleur de la noblesse française ainsi que des mercenaires espagnols, piémontais, lombards, grecs et albanais. Le 16 mai, il rencontra à La Petite Pierre 4 000 paysans, qu'il battit sans difficulté, et dès le 17 il obligea la ville de Saverne occupée par les paysans à capituler. Mais pendant que les troupes lorraines pénétraient dans la ville et désarmaient les paysans, la capitulation fut violée. Les paysans désarmés furent assaillis par les mercenaires et massacrés pour la plupart. Les autres colonnes de la Basse-Alsace se dispersèrent, et le duc Antoine marcha à la rencontre des bandes de la Haute-Alsace. Ces dernières, qui s'étaient refusées à envoyer du secours aux paysans de la Basse-Alsace à Saverne, furent attaquées à Scherwiller par toutes les forces lorraines réunies. Les paysans se défendirent vaillamment, mais l'énorme supériorité numérique de l'adversaire — 30 000 contre 7 000 — et la trahison d'un certain nombre de chevaliers, particulièrement celle du bailli de Riquewihr, rendit toute bravoure inutile. Ils furent complètement battus et mis en déroute. Le duc soumit toute l'Alsace avec la cruauté habituelle aux princes. Sa présence fut épargnée au seul Sundgau. Ici, le gouvernement autrichien décida les paysans, sous menace d'appeler le duc dans le pays, à conclure au début de juin l'accord d'Ensisheim. Mais il rompit aussitôt lui-même cet accord et fit pendre en masse les prédicateurs et les chefs du mouvement. Les paysans firent, là-dessus, une nouvelle insurrection, qui se termina finalement par l'inclusion des paysans du Sundgau dans le traité d'Offenbourg (18 septembre).

Il ne nous reste plus maintenant qu'à dire quelques mots de la Guerre des paysans dans les *Alpes autrichiennes.* Ces contrées, ainsi que l'*évêché de Salzbourg* y attenant, se trouvaient depuis les *stara prawa* [1] en opposition perpétuelle avec le gouvernement et la noblesse, et les doctrines de la Réforme avaient là aussi trouvé un terrain favorable. Des persécutions religieuses et des impôts arbitraires et accablants provoquèrent l'insurrection.

La ville de Salzbourg, soutenue par les paysans et les mineurs des environs, était depuis 1522 en conflit avec l'archevêque au sujet de ses privilèges municipaux et de l'exercice du culte. À la fin de 1524, l'archevêque attaqua la ville par surprise avec des mercenaires qu'il avait recrutés, utilisa les canons du château pour la terroriser et poursuivit les prédicateurs hérétiques. En même temps, il édicta de nouveaux et lourds impôts et excita ainsi à l'extrême la population. Au printemps de 1525, en même temps qu'éclatait l'insurrection des paysans souabes, franconiens et thuringiens, les paysans et les mineurs de toute la contrée se soulevèrent brusquement, s'organisèrent en bandes, sous le commandement des capitaines *Prassler* et *Weitmoser,* délivrèrent la ville et assiégèrent le château de Salzbourg. Ils fondèrent, comme les paysans de l'Allemagne occidentale, une ligue chrétienne et résumèrent leurs revendications en articles ici au nombre de quatorze.

De même, en *Styrie*, dans la *Haute-Autriche*, en *Carinthie* et en *Carniole*, où de nouveaux impôts, droits de douanes et décrets illégaux avaient lourdement atteint le peuple dans ses intérêts les plus directs, l'insurrection des paysans éclata au printemps de 1525. Ils s'emparèrent d'un certain nombre de châteaux et battirent le vainqueur des *stara prawa*, le vieux capitaine Dietrichstein, à Griss. Quoique le gouvernement réussît par des promesses illusoires à calmer une partie des insurgés, la plupart d'entre eux restèrent rassemblés et se joignirent aux insurgés de Salzbourg, de telle sorte que toute la région de Salzbourg et la plus grande partie de la Haute-Autriche, de la Styrie, de la Carinthie et de la Carniole étaient entre les mains des paysans et des mineurs.

Au Tyrol, les doctrines de la Réforme avaient trouvé également de nombreux adhérents. Plus encore que dans les

---

[1] Les anciens droits.

autres régions des Alpes autrichiennes, des émissaires de Münzer y avaient déployé une activité couronnée de succès. L'archiduc Ferdinand poursuivit là aussi les prédicateurs de la nouvelle doctrine et porta également, par de nouveaux règlements fiscaux arbitraires, atteinte aux privilèges de la population. La conséquence fut que l'insurrection éclata, comme partout ailleurs au printemps de 1525. Les insurgés, dont le chef suprême Geismaier était un disciple de Münzer, le seul chef paysan qui possédât un éminent talent militaire, s'emparèrent d'une grande quantité de châteaux et entreprirent une action très énergique contre les prêtres, surtout dans le Sud, dans la région de l'Adige. Les paysans du Vorarlberg, se soulevèrent également et s'unirent aux paysans de l'Allgäu.

L'archiduc acculé de tous côtés fit concession sur concession aux rebelles, qu'il voulait encore exterminer quelque temps auparavant par le fer et par le feu. Il convoqua les diètes des pays héréditaires et conclut, jusqu'au moment de leur réunion, un armistice avec les paysans. Entre temps, il s'armait énergiquement pour pouvoir, le plus rapidement possible, parler un autre langage avec les scélérats.

L'armistice ne fut naturellement pas respecté longtemps. Dans les duchés, Dietrichstein, qui commençait à manquer d'argent, se mit à rançonner. Ses troupes slaves et magyares se permirent en outre les plus infâmes atrocités contre la population. C'est pourquoi les Styriens se soulevèrent à nouveau, assaillirent dans la nuit du 2 au 3 juillet le capitaine Dietrichstein à Schladming et massacrèrent tout ce qui ne parlait pas allemand. Dietrichstein lui-même fut fait prisonnier. Le 3 au matin, les paysans réunirent un tribunal qui condamna à mort 40 nobles tchèques et croates parmi les prisonniers. Ils furent décapités sur-le-champ. Le résultat ne se fit pas attendre. L'archiduc accepta immédiatement toutes les revendications des états des cinq duchés (Haute et Basse-Autriche, Styrie, Carinthie et Carniole).

Au Tyrol également les revendications de la diète furent acceptées, ce qui entraîna la pacification du Nord. Mais le Sud, qui maintenait ses premières revendications en face des décisions plus modérées de la diète, resta en armes. Ce n'est qu'en décembre que l'archiduc réussit à y rétablir l'ordre par la violence. Il n'oublia pas de faire exécuter un grand nombre de meneurs et de chefs de l'insurrection qui tombèrent entre ses mains.

En avril, 10 000 soldats bavarois, sous le commandement de Georg von Frundsberg, marchèrent sur Salzbourg. Celle force imposante, ainsi que les dissensions qui éclatèrent entre les paysans, amenèrent les Salzbourgeois à conclure avec l'archevêque un accord qui, fut signé le 1er septembre et qu'accepta également l'archiduc. Mais les deux princes, qui avaient entre temps suffisamment renforcé leurs troupes, rompirent bientôt cet accord et poussèrent ainsi les paysans de Salzbourg à se soulever de nouveau. Les insurgés tinrent tout l'hiver. Au printemps, Geismaier se joignit à eux et engagea une brillante campagne contre les troupes qui approchaient de tous les côtés. Dans une série de combats extrêmement remarquables, il battit les unes après les autres — en mai et en juin 1526 — les troupes bavaroises, autrichiennes et celles de la Ligue souabe, ainsi que les mercenaires de l'archevêque de Salzbourg, et réussit longtemps à empêcher la jonction des différents corps. Avec cela, il trouva encore le temps d'assiéger la ville de Radstadt. Finalement, cerné de tous côtés par des troupes supérieures en nombre, il fut obligé de se retirer, réussit à passer au travers des lignes ennemies et conduisit les débris de son armée par-dessus les Alpes autrichiennes en territoire vénitien. La République de Venise et la Suisse offraient à l'infatigable chef paysan des points d'appui pour de nouvelles intrigues. Il s'efforça, pendant une année encore, de les entraîner dans une guerre contre l'Autriche qui devait lui offrir l'occasion de provoquer une nouvelle insurrection paysanne. Mais au cours de ces négociations il tomba sous les coups d'un assassin. L’archiduc Ferdinand et l'archevêque de Salzbourg n'étaient pas tranquilles tant que Geismaier était encore en vie. Ils payèrent un bandit pour l'assassiner, et ce dernier réussit à supprimer en 1527 le redoutable rebelle.

VII

[LES CONSEQUENCES DE LA GUERRE DES PAYSANS]

La retraite de Geismaier en territoire vénitien mit fin au dernier épilogue de la Guerre des paysans. Les paysans étaient retombés partout sous la dépendance de leurs maîtres ecclésiastiques, nobles ou patriciens. Les accords qui avaient été conclus ici et là avec eux furent rompus. Les anciennes charges furent aggravées par les rançons énormes qu'imposèrent les vainqueurs aux vaincus. La plus grandiose tentative révolutionnaire du peuple allemand se termina par une défaite honteuse et une oppression momentanément redoublée. Mais avec le temps cependant, la situation de la paysannerie ne fut pas aggravée par l'écrasement de l'insurrection. Tout ce que la noblesse, les princes et les prêtres pouvaient leur arracher bon an, mal an, ils le leur arrachaient déjà avant la guerre. Le paysan allemand de l'époque avait ceci de commun avec le prolétaire moderne que sa part des produits du travail se réduisait au minimum des moyens de subsistance nécessaires à son entretien et à la reproduction de la race paysanne. En moyenne, on ne pouvait pas leur prendre davantage. Certes, un grand nombre de paysans moyens assez aisés furent complètement ruinés, une foule de corvéables réduits au servage, des zones entières de terres communales furent confisquées, un grand nombre de paysans furent jetés, par suite de la destruction de leurs maisons et de la dévastation de leurs champs ainsi que du désordre général, dans le vagabondage ou dans la plèbe des villes. Mais les guerres et les dévastations étaient des phénomènes quotidiens à l'époque, et, d'une façon générale, la situation de la classe paysanne était beaucoup trop misérable pour qu'on pût l'aggraver encore de façon durable par l'augmentation des impôts. Les guerres de religion, qui survinrent ensuite, et enfin la guerre de Trente ans, avec ses dévastations et ses dépopulations massives et répétées, frappèrent les paysans beaucoup plus durement que la

Guerre des paysans. En particulier la guerre de Trente ans anéantit la plus grande partie des forces productives employées dans l'agriculture, et ainsi elle jeta pour longtemps, et aussi par suite de la destruction simultanée d'un grand nombre de villes, les paysans, les plébéiens et les bourgeois ruinés dans la misère la plus effroyable, une vraie misère de paysans irlandais.

Ceux qui souffrirent le plus des conséquences de la Guerre des paysans, ce fut le *clergé*. Leurs monastères et leurs abbayes avaient été incendiés, leurs objets précieux pillés, vendus à l'étranger ou fondus ; leurs réserves dévorées. Ce sont eux qui partout avaient pu opposer le moins de résistance, et c'est sur eux qu'était tombé le plus durement tout le poids de la haine populaire. Les autres ordres, princes, noblesse et bourgeoisie des villes, se réjouissaient même en secret des malheurs dont étaient victimes les prélats qu'ils haïssaient. La Guerre des paysans avait rendu populaire la sécularisation des biens ecclésiastiques au profit des paysans. Les princes séculiers et une partie des villes se mirent en devoir de réaliser cette sécularisation à *leur* profit et bientôt, dans les pays protestants, les domaines des prélats furent aux mains des princes et du patriciat des villes. Mais la domination des princes ecclésiastiques avait aussi été fortement ébranlée et les princes séculiers s'entendirent à exploiter dans ce sens la haine populaire. Nous avons vu comment l'abbé de Fulda tomba, du rang de suzerain, au rang de vassal de Philippe de Hesse. C'est ainsi également que la ville de Kempten obligea le prince-abbé à lui vendre à un prix dérisoire toute une série de précieux privilèges qu'il possédait dans la ville.

La *noblesse* avait également beaucoup souffert. La plupart de ses châteaux étaient anéantis, un certain nombre de familles les plus considérables étaient ruinées et ne pouvaient plus subsister qu'en entrant au service des princes. Son impuissance vis-à-vis des paysans était établie : elle avait été partout battue et contrainte à capituler. Seules les armées des princes l'avaient sauvée. Elle devait perdre de plus en plus son importance d'ordre dépendant directement de l'empereur et tomber sous la domination des princes.

Les *villes* n'avaient également, en général, tiré aucun avantage de la Guerre des paysans. La domination des notables fut presque partout renforcée. L'opposition des bourgeois en fut brisée pour longtemps. La vieille routine patricienne continua à se traîner ainsi, entravant de tous côtés le commerce et l'industrie, jusqu'à la Révolution française. De plus, ce sont les villes que les princes rendirent responsables des succès momentanés que le parti bourgeois ou plébéien avaient obtenus chez elles au cours de la lutte. Des villes appartenant déjà aux domaines des princes furent lourdement rançonnées, privées de leurs privilèges et exposées sans défense à leur arbitraire cupide (Frankenhausen, Arnstadt, Schmalkalden, Wurzbourg, etc.). Les villes d'Empire furent incorporées aux domaines princiers (Mulhausen) ou placées sous la dépendance morale des princes voisins, comme ce fut le cas d'un grand nombre en Franconie.

Ceux qui, dans ces conditions, furent les seuls à tirer bénéfice de la Guerre des paysans, ce furent les *princes*. Nous avons déjà vu, au début de cet ouvrage, comment l'insuffisance du développement industriel, commercial et agricole de l'Allemagne rendait impossible toute centralisation des Allemands en *nation,* comment elle n'avait permis qu'une centralisation locale et provinciale, et comment, par conséquent, les représentants de cette centralisation à l'intérieur du morcellement, les princes, constituaient le seul ordre qui devait profiter de toute modification des relations sociales et politiques existantes. Le degré de développement de l'Allemagne de l'époque était tellement bas et d'autre part si inégal dans les diverses provinces, qu'à côté des principautés séculières pouvaient encore exister des principautés ecclésiastiques, des républiques citadines et des comtes et barons souverains. Mais il tendait en même temps, quoique très lentement et très mollement, à une centralisation *provinciale,* c'est-à-dire à la subordination aux princes des ordres d'Empire qui subsistaient encore. C'est pourquoi seuls les princes pouvaient tirer un bénéfice quelconque de la Guerre des paysans. C'est aussi ce qui se produisit. Ils en tirèrent un avantage non seulement relatif, du fait que leurs concurrents, le clergé, la noblesse et les villes en sortirent affaiblis, mais aussi absolu, en ce sens qu'ils remportèrent les dépouilles opimes de tous les autres ordres. Les biens ecclésiastiques furent sécularisés à leur profit. Une partie de la noblesse, à demi ou complètement ruinée, dut se soumettre peu à peu à leur domination. L'argent des rançons imposées aux villes et aux communautés paysannes afflua dans les caisses de leur fisc qui d'ailleurs, par suite de la suppression de tant de privilèges municipaux, acquit une plus grande liberté de mouvement pour ses chères opérations financières.

La Guerre des paysans ne fit qu'aggraver et consolider l'état de division de l'Allemagne, qui fut une des principales causes de son échec.

Nous avons vu comment l'Allemagne était morcelée non seulement en d'innombrables provinces indépendantes, presque totalement étrangères les unes aux autres, mais encore comment la nation, dans chacune de ces provinces, était divisée en une hiérarchie complexe d'ordres et de fractions d'ordre. Outre les princes et les prêtres, nous rencontrons la noblesse et les paysans à la campagne, les patriciens, les bourgeois et les plébéiens dans les villes, tous ordres dont les intérêts étaient totalement étrangers les uns aux autres, quand ils ne s'enchevêtraient pas ou même se contredisaient. Au-dessus de tous ces intérêts complexes, il y avait encore ceux de l'empereur et ceux du pape. Nous avons vu comment ces différents intérêts se constituaient en fin de compte péniblement, d'une façon incomplète et variable selon les localités, en trois grands groupes ; comment, malgré ce groupement pénible, chaque ordre s'opposait à la direction donnée par les conditions de l'époque au développement national, agissait indépendamment, entrait ainsi en conflit non seulement avec tous les éléments conservateurs, mais aussi avec tous les autres éléments d'opposition, et devait finalement succomber dans cette lutte. Ce fut le cas de la noblesse dans la révolte de Sickingen, de la paysannerie dans la Guerre des paysans, et de la bourgeoisie dans tout le mouvement timide de la Réforme. C'est ainsi que, dans la plupart des régions de l'Allemagne, les paysans et les plébéiens eux-mêmes ne purent arriver à une action commune et se firent obstacle réciproquement. Nous avons vu également quelles furent les causes qui déterminèrent cet émiettement de la lutte des classes, l'échec complet du mouvement révolutionnaire qu'il entraînait et le demi-échec du mouvement bourgeois.

Comment le morcellement local et provincial et l'étroitesse locale et provinciale, qui en résulta nécessairement, ruinèrent le mouvement ; comment ni les bourgeois, ni les paysans, ni les plébéiens ne réussirent à mener une action nationale coordonnée ; comment les paysans agirent dans chaque province de leur propre chef, refusèrent constamment de venir en aide aux paysans insurgés des régions voisines et furent ainsi anéantis successivement dans des combats isolés par des armées, dont la force numérique souvent ne représentait même pas le dixième de celle des paysans insurgés, c'est ce que chacun comprendra maintenant d'après ce qui précède. Les différents armistices et accords conclus par les diverses bandes avec leurs adversaires représentent autant d'actes de trahison à l'égard de la cause commune, et le fait que le seul groupement des différentes bandes qui fut possible ait eu pour base non la communauté plus ou moins grande de leur propre action, mais la communauté de l'adversaire particulier devant lequel elles succombèrent, est la preuve la plus éclatante du degré de singularité à l'égard les uns des autres des paysans des différentes provinces.

Ici également, apparaît l'analogie avec le mouvement de 1848-50. En 1848 aussi, les intérêts des différentes classes de l'opposition entrèrent en conflit, chacune agissant pour soi. La bourgeoisie, trop développée pour pouvoir supporter plus longtemps le joug de l'absolutisme féodal et bureaucratique, n'était cependant pas suffisamment forte pour subordonner immédiatement à ses exigences propres celles des autres classes de la société. Le prolétariat, beaucoup trop faible pour pouvoir espérer sauter rapidement par-dessus la période bourgeoise et compter conquérir lui-même rapidement le pouvoir, avait déjà, sous l'absolutisme, trop bien appris à connaître les douceurs du régime bourgeois et était somme toute beaucoup trop développé pour pouvoir, même pour un temps très court, voir dans l'émancipation de la bourgeoisie sa propre émancipation. La masse de la nation, petits bourgeois, artisans et paysans, fut abandonnée par son allié naturel le plus proche, la bourgeoisie, comme déjà trop révolutionnaire, et aussi en partie par le prolétariat, comme pas encore suffisamment avancée. Divisée à son tour en plusieurs fractions, elle ne put rien réaliser et s'opposa à ses compagnons d'opposition de droite et de gauche. Quant à l'étroitesse locale enfin, elle ne peut pas avoir été plus grande en 1525, chez les paysans, qu'elle ne le fut dans toutes les classes qui participèrent au mouvement de 1848.

Les cent révolutions locales, suivies d'autant de réactions locales qui ne rencontrèrent pas plus d'obstacle que les premières, le maintien des petits États, etc. parlent un langage suffisamment clair. *Quiconque, après les deux révolutions allemandes de 1525 et de 1848 et les résultats qu'elles ont obtenus, peut encore radoter sur la république fédérative, est digne de l'asile d'aliénés.*

Mais les deux révolutions, celle du XVIe et celle de 1848-50, malgré toutes leurs ressemblances, sont cependant essentiellement différentes l'une de l'autre. La révolution de 1848 prouve, sinon le progrès de l'Allemagne, du moins le progrès de l'Europe.

Qui profita de la révolution de 1525 ? Les princes. Qui profita de la révolution de 1848 ? Les *grands* souverains : l'Autriche et la Prusse. Derrière les petits princes de 1525 il y avait, liés à eux par le paiement des impôts, les petits bourgeois. Derrière les grands princes de 1850, derrière l'Autriche et la Prusse, il y a les grands bourgeois modernes qui se les soumettent rapidement au moyen de la dette d'État. Et, derrière les grands bourgeois, il y a les prolétaires.

La révolution de 1525 a été une affaire locale allemande. Les Anglais, les Français, les Tchèques, les Hongrois avaient déjà fait leur guerre des paysans lorsque les Allemands firent la leur. Si l'Allemagne était morcelée, l'Europe l'était encore bien davantage. La révolution de 1848 ne fut pas une affaire locale allemande, elle fut une partie isolée d'un grand événement européen. Ses causes motrices pendant tout son déroulement ne sont pas comprimées dans le cadre étroit de tel ou tel pays, pas même d'un seul continent. On peut même dire que les pays qui furent le véritable théâtre de cette révolution sont ceux qui ont le moins de part à cette révolution. Ils sont des matières premières plus ou moins conscientes et passives, qui sont transformées au cours d'un mouvement qui certes, dans les conditions sociales actuelles, ne peut nous apparaître que comme une force étrangère, quoiqu'il ne soit, en fin de compte, que notre propre mouvement. C'est pourquoi la révolution de 1848-50 ne peut pas se terminer comme celle de 1525.

ANNEXE I

EXTRAIT D'ARTICLE

L'Allemagne a eu ses réformateurs sociaux dès l'époque de la Réforme. Peu après que Luther eût commencé à faire de l'agitation pour la réforme de l'Église et à exciter le peuple contre la domination ecclésiastique, la paysannerie du Sud et du Centre de l'Allemagne se souleva en une insurrection générale contre ses seigneurs séculiers. Luther déclarait sans cesse que son but était le retour au christianisme primitif dans la doctrine et dans la vie ; les paysans voulaient la même chose et réclamaient donc la rénovation du christianisme primitif non seulement dans l'Église, mais aussi dans la vie sociale. Ils tenaient l'état de servage et d'asservissement dans lequel ils vivaient pour incompatible avec les enseignements de la Bible. Ils étaient opprimés par une bande de barons et de comtes pleins de morgue, spoliés jour après jour et traités comme du bétail ; aucune loi ne les protégeait et s'il y en avait une, il ne se trouvait personne pour l'imposer. Un tel état contrastait beaucoup avec la communauté des premiers chrétiens et avec les enseignements du Christ, tels qu'ils sont consignés dans la Bible. Aussi se soulevèrent-ils dans la guerre contre leurs seigneurs, et elle ne pouvait être qu'une guerre d'extermination. Le prédicateur Thomas Münzer qu'ils mirent à leur tête publia un appel, naturellement plein des absurdités religieuses et superstitieuses de son temps, mais qui contenait aussi, entre autres, des principes comme ceux-ci : D'après la Bible aucun chrétien n'aurait le droit de garder exclusivement pour lui quelque propriété que ce soit ; la communauté des biens serait le seul état approprié pour une société de chrétiens ; il ne serait permis à aucun bon chrétien d'exercer sur d'autres chrétiens une domination ou un pouvoir de commandement quelconque, ni de posséder une fonction de gouvernement ou un pouvoir héréditaire quelconque, mais au contraire, tout comme tous les hommes sont égaux devant Dieu, ils devraient l'être aussi sur terre.

Ces doctrines n'étaient rien d'autre que les conclusions logiques de la Bible et de propos écrits de Luther : mais le réformateur n'était pas prêt à aller aussi loin que le peuple. Malgré le courage qu'il montrait face aux autorités ecclésiastiques, il ne s'était pas libéré des préjugés politiques et sociaux de son temps. Tout aussi fermement qu'il croyait à la Bible, il croyait au droit divin des princes et des seigneurs fonciers de fouler le peuple aux pieds. Comme il avait en outre besoin de la protection de la noblesse et des princes protestants, il écrivit un pamphlet contre les insurgés, dans lequel non seulement il rejetait toute liaison avec eux, mais par-dessus le marché excitait la noblesse à les écraser avec la plus extrême rigueur comme des rebelles contre les lois de Dieu. « Abattez-les comme des chiens ! », s'écriait-il. Tout ce pamphlet est écrit avec une telle hargne, voire avec une telle fureur fanatique contre le peuple qu'il restera pour toujours une souillure sur le caractère de Luther ; il montre que lui qui avait commencé sa carrière comme l'homme du peuple était maintenant entièrement au service de ses oppresseurs. L'insurrection fut écrasée après une guerre extrêmement sanglante et les paysans ramenés à leur vieille servitude.

The New Moral World, n° 21,
18 novembre 1843.

ANNEXE II

NOTES POUR LA « GUERRE DES PAYSANS »

La Réforme — luthérienne et calviniste — révolution n° 1 de la bourgeoisie, dans laquelle la Guerre des paysans constitue l'épisode critique. Décomposition du féodalisme ainsi que développement des villes, tous deux ayant un effet décentralisateur, ce qui rend la monarchie absolue directement nécessaire pour maintenir la cohésion des nationalités. *Il fallait* qu'elle soit absolue précisément à cause du caractère centrifuge de tous les éléments. Cependant ne pas comprendre absolu au sens vulgaire : en lutte constante soit avec les ordres, soit avec les féodaux et les villes en rébellion ; les ordres nulle part abolis ; donc à qualifier plutôt de monarchie appuyée sur les ordres (encore féodale, féodale en décomposition et bourgeoise-embryonnaire).

Victoire de la révolution n° 1, qui était bien plus européenne que la révolution anglaise et devint bien plus vite européenne que la française, en Suisse, en Hollande, en Écosse, en Angleterre — dans une certaine mesure aussi en Suède dès Gustave Vasa, et au Danemark, ici seulement, sous une forme orthodoxe absolue, en 1660.

I. Causes en Allemagne — Histoire du début — Après l'époque héroïque des grandes invasions l'Allemagne est brisée. Sa restauration ne commence qu'en partant de la France, avec Charlemagne. De ce fait, idée de l'empire romain. Rénové par Otton. Plus de non-Allemands que d'Allemands. Ruine l'Allemagne par cette politique — de spoliation des villes italiennes — sous les Hohenstaufen. Du coup, émiettement renforcé — sauf le cas de révolution. Développement de l'interrègne jusqu'au XVe siècle. Montée des villes. Décadence du féodalisme jamais achevé en Allemagne sous la pression des princes (l'empereur en tant que prince *contre* les chevaliers d'Empire, en tant qu'empereur *pour eux*).

Libération progressive des paysans, jusqu'au revirement au XVe siècle. L'Allemagne matériellement au niveau des pays de l'époque. — Ce qui est décisif : en Allemagne, du fait de l'émiettement provincial *et de la longue libération de l'invasion*, le besoin de l'unité nationale n'est pas aussi fort qu'en France (guerre de Cent ans), en Espagne qui vient d'être reconquise sur les Maures, en Russie qui vient de chasser les Tartares, en Angleterre (guerre des Deux-Roses) et aussi précisément à l'époque les empereurs sont si miteux.

II. Avec la Renaissance sous sa forme européenne, basée sur la décadence générale du féodalisme et la montée des villes. Puis les monarchies nationales absolues — partout, sauf en Allemagne et en Italie.

III. Caractère de la Réforme comme expression populaire, la seule possible, des aspirations générales, etc.

Écrit fin 1884.

ANNEXE III

LA DECADENCE DE LA FEODALITE ET L'ESSOR DE LA BOURGEOISIE

Tandis que les luttes sauvages de la noblesse féodale régnante emplissaient le moyen âge de leur fracas, dans toute l'Europe de l'Ouest le travail silencieux des classes opprimées avait miné le système féodal ; il avait créé des conditions dans lesquelles il restait de moins en moins de place aux seigneurs féodaux. Certes, à la campagne, les nobles seigneurs sévissaient encore ; ils tourmentaient les serfs, ne soufflaient mot de leur peine, piétinaient leurs récoltes, violentaient leurs femmes et leurs filles. Mais alentour s'étaient élevées des villes : en Italie, dans le midi de la

France, au bord du Rhin, les municipes de l'antiquité romaine, ressuscités de leurs cendres ; ailleurs, notamment en Allemagne, des créations nouvelles ; toujours entourées de remparts et de fossés, c'étaient des citadelles bien plus fortes que les châteaux de la noblesse, parce que seule une grande armée pouvait les réduire. Derrière ces remparts et ces fossés se développait — assez petitement et dans les corporations — l'artisanat médiéval, se concentraient les premiers capitaux, naissaient et le besoin de commercer des villes entre elles ainsi qu'avec le reste du monde, et, peu à peu également, avec le besoin, les moyens de protéger ce commerce.

Dès le XVe siècle, les bourgeois des villes étaient devenus plus indispensables à la société que la noblesse féodale. Sans doute, l'agriculture était-elle l'occupation de la grande masse de la population, et par suite, la branche principale de la production. Mais les quelques paysans libres isolés qui s'étaient maintenus çà et là, malgré les empiètements de la noblesse, démontraient suffisamment que, dans l'agriculture, l'essentiel n'était pas la fainéantise et les exactions du noble, mais le travail du paysan. D'autre part, les besoins de la noblesse elle-même avaient grandi et s'étaient transformés au point que, même pour elle, les villes étaient devenues indispensables ; ne tirait-elle pas des villes le seul instrument de sa production, sa cuirasse et ses armes ? Les tissus, les meubles et les bijoux indigènes, les soieries d'Italie, les dentelles du Brabant, les fourrures du Nord, les parfums d'Arabie, les fruits du Levant, les épices des Indes, elle achetait tout aux citadins — tout, sauf le savon. Un certain commerce mondial s'était développé ; les Italiens sillonnaient la Méditerranée et, au-delà, les côtes de l'Atlantique jusqu'en Flandre ; malgré l'apparition de la concurrence hollandaise et anglaise, les marchands de la Hanse dominaient encore la mer du Nord et la Baltique. Entre les centres de navigation maritime du Nord et du Midi, la liaison était maintenue par terre ; les routes par lesquelles elle se faisait passaient par l'Allemagne. Tandis que la noblesse devenait de plus en plus superflue et gênait toujours plus l'évolution, les bourgeois des villes, eux, devenaient la classe qui personnifiait la progression de la production et du commerce, de la culture et des institutions politiques et sociales.

Tous ces progrès de la production et de l'échange étaient, en fait, pour nos conceptions actuelles, de nature très limitée. La production restait liée à la forme du pur artisanat corporatif, elle gardait donc encore elle-même un caractère féodal ; le commerce ne dépassait pas les eaux européennes et n'allait pas plus loin que les villes de la côte du Levant, où il se procurait, par échange, les produits d'Extrême-Orient.

Mais tout mesquins et limités que restassent les métiers et avec eux les bourgeois qui les pratiquaient, ils suffirent à bouleverser la société féodale et restèrent tout au moins dans le mouvement tandis que la noblesse stagnait.

La bourgeoisie des villes avait, en outre, une arme puissante contre la féodalité : *l'argent*. Dans l'économie féodale type du début du moyen âge, il y avait à peine eu place pour l'argent. Le seigneur féodal tirait de ses serfs tout ce dont il avait besoin, soit sous la forme de travail, soit sous celle de produits finis ; les femmes filaient et tissaient le lin et la laine et confectionnaient les vêtements ; les hommes cultivaient les champs ; les enfants gardaient le bétail du seigneur, ramassaient pour lui les fruits de la forêt, les nids d'oiseaux, la litière ; en outre, la famille entière avait encore à livrer du blé, des fruits, des œufs, du beurre, du fromage, de la volaille, du jeune bétail, que sais-je encore. Toute domination féodale se suffisait à elle-même ; les prestations de guerre, elles aussi, étaient exigées en produits ; le commerce, l'échange n'existaient pas, l'argent était superflu. L'Europe était ramenée à un niveau si bas, elle avait à tel point recommencé par le début, que l'argent avait alors beaucoup moins une fonction sociale, qu'une fonction purement politique ; il servait *à payer les impôts*, et on l'acquérait essentiellement par *pillage*.

Tout était changé maintenant. L'argent était de nouveau devenu le moyen d'échange universel et, par suite, sa quantité avait beaucoup augmenté ; la noblesse elle-même ne pouvait plus s'en passer, et, comme elle avait peu de choses à vendre, ou même rien, comme le pillage n'était plus tout à fait aussi facile non plus, elle dut se décider à emprunter à l'usurier bourgeois. Bien longtemps avant que les châteaux féodaux eussent été battus en brèche par les nouvelles pièces d'artillerie, ils étaient déjà minés par l'argent ; la poudre à canon ne fut que l'huissier au service de l'argent. L'argent était le grand rabot d'égalisation politique de la bourgeoisie. Partout où un rapport personnel était évincé par un rapport d'argent, une prestation en nature par une prestation en argent, un rapport bourgeois remplaçait un rapport féodal. Sans doute, la vieille forme d'économie naturelle brutale subsistait-elle dans l'écrasante majorité des cas ; mais il y avait déjà des districts entiers où, comme en Hollande, en Belgique, sur le cours inférieur du Rhin, les paysans livraient au seigneur de l'argent au lieu de corvées et de redevances en nature, où seigneurs et sujets avaient déjà fait le premier pas décisif sur la voie de leur transformation en propriétaires fonciers et en fermiers, où donc, même à la campagne, les institutions féodales perdaient leur base sociale.

À quel point, à la fin du XVe siècle, la féodalité est minée et rongée intérieurement par l'argent, la soif d'or qui s'empara à cette époque de l'Europe occidentale en donne une démonstration éclatante. C'est l'or que les Portugais cherchaient sur la côte d'Afrique, aux Indes, dans tout l'Extrême-Orient ; c'est l'or le mot magique qui poussa les Espagnols à franchir l'océan Atlantique pour aller vers l'Amérique ; l'or était la première chose que demandait le Blanc, dès qu'il foulait un rivage nouvellement découvert. Mais ce besoin de partir au loin à l'aventure, malgré les formes féodales ou à demi féodales dans lesquelles il se réalise au début, était, à sa racine déjà, incompatible avec la féodalité dont la base était l'agriculture et dont les guerres de conquête avaient essentiellement pour but l'*acquisition de la terre.* De plus, la navigation était une industrie nettement bourgeoise, qui a imprimé son caractère antiféodal même à toutes les flottes de guerre modernes.

Au XVe siècle, la féodalité était donc en pleine décadence dans toute l'Europe occidentale ; partout des villes aux intérêts antiféodaux, avec leur droit propre et leur bourgeoisie en armes, s'étaient encastrées dans les territoires féodaux ; elles s'étaient déjà subordonné en partie socialement les seigneurs féodaux par l'argent, et même, çà et là, politiquement ; à la campagne même, là où des conditions particulièrement favorables avaient permis l'essor de l'agriculture, les anciens liens féodaux commençaient à se décomposer sous l'influence de l'argent ; ce n'est que dans les pays nouvellement conquis comme dans l'Allemagne à l'est de l'Elbe, ou dans des zones par ailleurs attardées, situées à l'écart des voies commerciales, que l'ancienne domination de la noblesse continuait à fleurir. Mais partout — dans les villes comme à la campagne — s'étaient accrus les éléments de la population qui réclamaient avant tout que cessassent l'éternel et absurde guerroiement, ces querelles entre seigneurs féodaux qui rendaient permanente la guerre intérieure, même lorsque l'ennemi extérieur était dans le pays, cet état de dévastation ininterrompue, purement gratuite, qui avait duré pendant tout le moyen âge. Trop faibles eux-mêmes pour faire aboutir leur volonté, ces éléments trouvèrent un puissant appui dans la tête même de tout l'ordre féodal — la royauté. Et c'est là le point où la considération des rapports sociaux conduit à celle des rapports de l'État, où nous passons de l'économie à la politique.

Du chaos des peuples du début du moyen âge, sortirent peu à peu les nouvelles nationalités, processus au cours duquel, comme on le sait, dans la plupart des anciennes provinces romaines, les vaincus assimilèrent les vainqueurs, le paysan et le citadin le seigneur germanique. Les nationalités modernes sont donc, elles aussi, le produit des classes opprimées. La carte des districts de la Lorraine moyenne de Menke [1] donne une image expressive de la façon dont s'effectuèrent, ici, la fusion, là, la délimitation. Il suffit de suivre sur cette carte la frontière des noms de lieu romans et germaniques pour se persuader que, pour la Belgique et la Basse-Lorraine, elle coïncide pour l'essentiel avec la frontière linguistique qui existait il y a cent ans encore entre le français et l'allemand. On trouve encore, ça et là, une étroite zone où les deux langues luttent pour la suprématie ; mais dans l'ensemble ce qui restera allemand et ce qui restera roman est solidement établi. Mais la forme, dérivée du bas-franconien ancien ou du vieux haut-allemand, de la plupart des noms de lien de la carte montre qu'ils remontent au IXe, au plus tard au Xe siècle, que donc, vers la fin de l'époque carolingienne, la frontière était déjà tracée pour l'essentiel. Or, du côté roman, notamment à proximité de la frontière linguistique, on trouve des noms mixtes, composés d'un nom de personne germanique et d'une désignation topographique romane, par exemple, à l'ouest de la Meuse, près de Verdun : *Eppone curtis, Rotfridi curtis, Ingolini curtis, Teudegisilo villa,* devenus aujourd'hui Ippécourt, Récourt-la-Creux, Amblaincourt-sur-Aire, Thierville. C'étaient

[1] SPRUNER-MENKE : *Handatlas zur Geschichte des Mittelalters und der neuen Zeit,* 3e édition, Gotha, 1874, carte n° 32.

des demeures seigneuriales franques, de petites colonies allemandes en terre romane, qui, tôt ou tard, succombèrent à la romanisation. Dans les villes et dans les régions campagnardes isolées étaient installées des colonies allemandes plus fortes qui conservèrent leur langue assez longtemps encore ; c'est de l'une d'elles que jaillit, par exemple, encore à la fin du IXe siècle, le *Ludwigslied* [1] ; mais une grande partie des seigneurs francs avaient déjà été romanisés avant, et la preuve en est fournie par les formules de serment des rois et des grands de 842 dans lesquelles le roman apparaît déjà comme la langue officielle de la France.

Les groupes linguistiques une fois délimités (sous réserve de guerres postérieures de conquête ou d'extermination, comme elles furent menées, par exemple, contre les Slaves de l'Elbe), il était naturel qu'ils servent de données de base à la formation des États, que les nationalités commencent à se développer pour devenir des nations. La puissance qu'avait cet élément dès le IXe siècle est démontrée par l'effondrement rapide de l'État mixte de Lotharingie. Certes, pendant tout le moyen âge, les frontières linguistiques et nationales furent loin de coïncider ; mais, à l'exception peut-être de l'Italie, chaque nationalité était tout de même représentée en

[1] Le *Ludwigslied* est un poème rédigé en franconien qui célèbre la victoire de Louis III sur les Normands à Saucourt en 881.

Europe par un grand État particulier, et la tendance à établir des États nationaux qui ressort d'une façon toujours plus claire et plus consciente, constitue un des principaux leviers de progrès du moyen âge.

Or, dans chacun de ces États médiévaux, le roi constituait le sommet de toute la hiérarchie féodale, sommet auquel les vassaux ne pouvaient échapper et contre lequel ils se trouvaient en même temps en état de rébellion permanente. Le rapport de base de toute l'économie féodale, l'octroi de terre contre la prestation de certains services et redevances personnels, offrait déjà, sous sa forme originelle la plus simple, assez matière à litiges, surtout là où beaucoup avaient intérêt à chercher des querelles. Aussi, où devait-on en être à la fin du moyen âge, où, dans tous les pays, les relations de vasselage constituaient un enchevêtrement inextricable de droits et d'obligations accordés, retirés, renouvelés, périmés, transformés, ou conditionnés différemment ? Charles le Téméraire, par exemple, était, pour une partie de ses terres, vassal de l'empereur, pour l'autre, vassal du roi de France ; d'autre part, le roi de France, son suzerain, était en même temps pour certains territoires vassal de Charles le Téméraire, son propre vassal ; comment échapper ici aux conflits ? D'où ce jeu séculaire et alterné d'attraction des vassaux vers le centre royal qui peut seul les protéger contre l'extérieur et entre eux, et de répulsion loin de ce centre, en quoi se change inéluctablement et constamment cette attraction ; d'où cette lutte ininterrompue entre royauté et vassaux dont le fracas sinistre couvrit tout le reste pendant cette longue période où le pillage était la seule source de revenus digne de l'homme libre ; d'où cette série sans fin et toujours renouvelée de trahisons, de meurtres, d'empoisonnements, de perfidies et de toutes les bassesses imaginables qui se cache derrière le nom poétique de chevalerie et ne cesse de parler d'honneur et de fidélité.

Il est évident que, dans ce chaos général, la royauté était l'élément de progrès. Elle représentait l'ordre dans le désordre, la nation en formation en face de l'émiettement en États vassaux rivaux. Tous les éléments révolutionnaires, qui se constituaient sous la surface de la féodalité en étaient tout aussi réduits à s'appuyer sur la royauté que celle-ci en était réduite à s'appuyer sur eux. L'alliance entre royauté et bourgeoisie date du Xᵉ siècle ; souvent interrompue par des conflits — car au moyen âge rien ne poursuit sa route avec constance — elle se renouvela toujours plus ferme et plus puissante, jusqu'à ce qu'elle ait aidé la royauté à remporter la victoire définitive et que celle-ci, en signe de reconnaissance, subjuguât et pillât son alliée.

Les rois, aussi bien que les bourgeois, trouvaient un appui puissant dans la corporation naissante des juristes. Avec la redécouverte du droit romain, la division du travail s'opéra entre les prêtres, consultants de l'époque féodale, et les juristes non ecclésiastiques. Ces nouveaux juristes appartenaient essentiellement, dès l'origine, à la classe bourgeoise ; mais, d'autre part, le droit qu'ils étudiaient, enseignaient, exerçaient, était aussi essentiellement antiféodal par son caractère, et, à un certain point de vue, bourgeois. Le droit romain est à tel point l'expression juridique classique des conditions de vie et des conflits d'une société où règne la pure propriété privée, que toutes les législations postérieures n'ont pu y apporter aucune amélioration essentielle. Or, la propriété bourgeoise du moyen âge présentait encore un fort amalgame de limitations féodales, par exemple elle se composait pour une grande part de privilèges ; le droit romain était donc aussi dans cette mesure très en avance sur les conditions bourgeoises de l'époque. Mais la suite du développement historique de la propriété bourgeoise ne pouvait consister qu'en son évolution vers la pure propriété privée, comme ce fut aussi le cas. Or ce développement devait trouver un puissant levier dans le droit romain, qui contenait déjà tout prêt ce vers quoi la bourgeoisie de la fin du moyen âge ne tendait encore qu'inconsciemment.

Même si, dans de nombreux cas individuels, le droit romain servait de prétexte à une oppression renforcée des paysans par la noblesse, par exemple, là où les paysans ne pouvaient pas apporter de preuves écrites de leur affranchissement de charges par ailleurs usuelles, cela ne change rien à la chose. Même sans le droit romain, la noblesse aurait trouvé des prétextes semblables, et elle en trouvait tous les jours. C'était en tout cas un énorme progrès qu'entrât en vigueur un droit qui ne connaît absolument pas les conditions féodales et qui anticipe entièrement la propriété privée moderne.

Nous avons vu comment, sur le plan économique, la noblesse féodale commença à devenir superflue, voire même gênante dans la société de la fin du moyen âge ; comment aussi, sur le plan politique, elle était déjà une entrave au développement des villes et de l'État national, possible à cette époque sous la forme monarchique seulement. Elle avait été maintenue malgré tout par cette circonstance qu'elle avait jusque-là le monopole du maniement des armes, que sans elle on ne pouvait faire de guerre ni livrer de bataille. Cela devait changer aussi ; le dernier pas allait être fait pour prouver à la noblesse féodale que la période de la société et de l'État qu'elle dominait touchait à son terme, que, dans sa qualité de chevalier, même sur le champ de bataille, on ne pouvait plus l'utiliser.

Combattre le régime féodal avec une armée elle-même féodale dans laquelle les soldats sont liés par des liens plus forts à leur suzerain immédiat qu'au commandement de l'armée royale, — c'était évidemment tourner dans un cercle vicieux et ne pas avancer d'un pas. Dès le début du XIVe siècle, les rois s'efforcent de s'émanciper de cette armée féodale, de créer leur propre armée. À partir de cette époque, nous trouvons dans les armées royales une proportion sans cesse croissante de troupes enrôlées ou louées. Au commencement, il s'agit surtout de l'infanterie, composée des déchets des villes et de serfs déserteurs, Lombards, Génois, Allemands, Belges, etc., employée à l'occupation des villes et au service des sièges, à peine utilisable au début dans les batailles en rase campagne. Mais déjà vers la fin du moyen âge, nous trouvons aussi des chevaliers qui, avec leurs suites rassemblées Dieu sait comme, se louent au service des princes étrangers et annoncent par là l'effondrement irrémédiable des conditions de la guerre féodale.

En même temps, dans les villes et parmi les paysans libres, là où il en existait encore et où il s'en était formé de nouveaux, se créaient les conditions de base d'une infanterie aguerrie. Jusque-là la chevalerie, avec sa suite également montée, ne constituait pas tellement le noyau de l'armée, que plutôt l'armée elle-même ; le train des serfs qui l'accompagnaient à pied comme valets d'armée n'apparaissait — en rase campagne — que pour déserter et pour piller. Tant que dura l'apogée de la féodalité, jusqu'à la fin du XVIIIe siècle, la cavalerie livra toutes les batailles et en décida. À partir de cette date, la chose change, et, en vérité, sur plusieurs points en même temps. La disparition progressive du servage en Angleterre créa une classe nombreuse de paysans libres, propriétaires fonciers (*yeomen*) ou fermiers, et fournit ainsi la matière première d'une nouvelle infanterie, exercée au maniement de l'arc, l'arme nationale anglaise de l'époque. L'introduction de ces archers qui combattaient toujours à pied, qu'ils fussent montés ou non pendant la marche, donna lieu à une importante modification dans la tactique des armées anglaises. À partir dg XIVe siècle, la chevalerie anglaise se bat de préférence à pied, là où le terrain ou d'autres circonstances s'y prêtent. Derrière les archers qui entament le combat et effritent l'ennemi, la phalange fermée de la chevalerie attend pied à terre l'assaut adverse ou le moment propice pour avancer, tandis qu'une partie seulement reste à cheval pour soutenir le combat décisif par des attaques de flanc. Les victoires ininterrompues des Anglais en France à cette époque reposent essentiellement sur cette restauration d'un élément défensif dans l'armée et, pour la plupart, sont tout autant des batailles défensives avec contre-attaques que celles de Wellington en Espagne et en Belgique. L'adoption par les Français de la nouvelle tactique — peut-être à partir du moment où les arbalétriers italiens qu'ils louèrent tinrent lieu d'archers anglais — mit fin à la marche victorieuse des Anglais. De même, au début du XIVe siècle, l'infanterie des villes de Flandre avait osé — et souvent avec succès — affronter la chevalerie française en rase campagne, et, en essayant de livrer traîtreusement les paysans impériaux libres de Suisse au grand-duc d'Autriche qui n'était autre que lui-même, l'empereur Albert poussa à la création de la première infanterie de renommée européenne. Dans les triomphes des Suisses sur les Autrichiens et sur les Bourguignons, la cavalerie cuirassée — montée ou à pied — succomba définitivement devant l'infanterie, l'armée féodale devant les débuts de l'armée moderne, le chevalier devant le bourgeois et le paysan libre. Et pour confirmer dès l'abord le caractère bourgeois de leur République, la première République indépendante d'Europe, les Suisses *firent argent* immédiatement de leur gloire militaire. Tous les scrupules politiques disparurent ; les cantons se transformèrent en bureaux d'enrôlement, afin de rassembler des mercenaires pour le plus offrant. Ailleurs aussi, et notamment en Allemagne, le tambour du racoleur circula ; mais le cynisme d'un gouvernement qui ne semblait être là que pour vendre ses ressortissants, reste inégalé jusqu'au moment où, à l'époque de l'avilissement national le plus profond, des princes allemands le surpassèrent.

Ensuite, au XIVe siècle, la poudre à canon et l'artillerie furent également apportées en Europe par les Arabes en passant par l'Espagne. Jusqu'à la fin du moyen âge l'arme à feu portative resta sans importance, ce qui se conçoit, car la flèche de l'archer de Crécy portait tout aussi loin et touchait peut-être plus sûrement — bien qu'elle n'eût pas le même effet que le fusil à canon lisse du fantassin de Waterloo. Le canon de campagne était encore également dans l'enfance ; par contre les canons lourds avaient déjà plus d'une fois battu en brèche les remparts exposés des châteaux des chevaliers et annoncé à la noblesse féodale que la poudre scellait la fin de son règne.

La diffusion de l'imprimerie, la reprise de l'étude de la littérature antique, tout le mouvement de la culture qui se renforce et s'universalise de plus en plus à partir de 1450, tout cela favorisa la bourgeoisie et la royauté dans leur lutte contre la féodalité.

L'action conjuguée de ces causes, renforcée d'année en année par leur action réciproque croissante les unes sur les autres, qui poussait de plus en plus en avant dans une même direction, décida, dans la deuxième moitié du XVe siècle, de la victoire, sinon de la bourgeoisie, du moins de la féodalité. Partout en Europe, jusque dans les pays secondaires lointains qui n'avaient pas passé par l'état féodal, la puissance royale prit le dessus d'un seul coup. Dans la presqu'île ibérique, deux des souches linguistiques romanes s'unirent pour former le royaume d'Espagne, et le royaume d'Aragon qui parlait le provençal se soumit au castillan comme langue écrite ; la troisième souche unifia son territoire linguistique, à l'exception de la Galice, pour former le royaume de Portugal, la Hollande ibérique, se détourna de l'intérieur et prouva par son activité maritime son droit à une existence séparée. En France, après le déclin de l'État bourguignon, Louis XI réussit enfin à instaurer si fortement l'unité nationale que représentait la royauté sur le territoire français encore très découpé, que son successeur pouvait déjà se mêler des querelles italiennes et que cette unité ne fut plus mise en question qu'une fois, et pour peu de temps, par la Réforme. L'Angleterre avait enfin abandonné ses guerres don quichottesques de conquêtes en France, qui, à la longue, l'auraient saignée ; la noblesse féodale chercha une compensation dans les guerres des Deux-Roses et trouva plus qu'elle avait cherché ; elle s'usa et mit sur le trône la dynastie des Tudor dont la puissance royale dépassa celle de tous ses devanciers et de ses successeurs. Les pays scandinaves avaient fait depuis longtemps leur unité ; depuis sa réunion à la Lituanie, la Pologne allait au-devant de sa période d'apogée avec une puissance royale encore intacte, et, même en Russie, le renversement des petits princes et la libération du joug tatar avaient marché la main dans la main et avaient été définitivement scellés par Ivan III. Dans toute l'Europe, il n'y avait que deux pays où la royauté, et l'unité nationale alors impossible sans elle, n'existaient pas ou n'avaient existé que sur le papier : l'Italie et l'Allemagne.

INDEX DES NOMS CITÉS

ABBÉ DE FULDA (vers 1525).

ALBE, Fernand Alvarez de Tolède, duc d' (1507-1582) : général espagnol sous Philippe II Nommé capitaine général des Pays-Bas, écrasa la révolution (1566-1568).

ALBERT III (1443-1500) duc de Saxe de 1460 à 1500 ; commanda les troupes chargées d'écraser la révolte des paysans aux Pays-Bas (1491-1492) et dans la Frise (1497).

ANTOINE (1489-1544) : duc de Lorraine de 1508 à 1544. Adversaire de la Réforme, il écrasa les insurrections paysannes en Alsace à Saverne et à Scherwiller.

ARCHEVÊQUE DE MAGDEBOURG : voir Ernest II.

ARNAUD DE BRESCIA (env. 1100-1155) : réformateur italien qui prit la tête du mouvement républicain des villes italiennes. De 1145 à 1155, il était à la tête de la République de Rome, en lutte contre le pape. Fut exécuté comme hérétique en 1155.

AYLVA, Syaard : chef de l'insurrection frisonne de 1497.

BACH, Walter : soldat de métier qui se joignit à l'insurrection des paysans dans le sud de l'Allemagne ; fut un des chefs de la bande de l'Allgäu, mais trahit ses compagnons et s'enfuit en Suisse.

BAILLI DE RIQUEWIHR.

BAKOUNINE, Mihaïl (1814-1876) — révolutionnaire russe émigré en Europe occidentale ; participa à la révolution de 1848 en Allemagne, devint le maître à penser de l'anarchisme. Adversaire du marxisme, il adhéra en 1869 à l'Internationale, manœuvra contre Marx et fut exclu au Congrès de La Haye en 1872.

BALL, John : prêtre de campagne anglais qui prêcha l'égalité sociale. Prit une part active à la révolte des travailleurs et fut exécuté en 1381 après l'écrasement de celle-ci.

BANTELHANS (Bantel, Hans) : bourgeois de Dettingen ; un des chefs du « Pauvre Conrad » et de l'insurrection paysanne de 1514 dans la Haute-Souabe.

BARNABAS : prêtre hongrois qui prêcha la croisade contre les Turcs et fut un des chefs de l'insurrection paysanne de 1514.

BÁTORY (Báthory), Istvan, comte (mort en 1535) : appartenait à l'aristocratie de Transylvanie ; commanda une armée de nobles qui écrasa l'insurrection paysanne. Palatin de Hongrie de 1519 à 1535.

BERLICHINGEN, Götz von, chevalier (1480-1562) : connu sous le nom du Chevalier à la main de fer ; se rallia pour des raisons personnelles aux paysans révoltés de l'Odenwald qu'il trahit dans un moment décisif.

BERLIN, Hans : conseiller de Heilbronn qui essaya d'imposer un programme modéré aux paysans insurgés qui s'étaient emparés de la ville. Négocia au nom du patriciat la reddition de la ville avec le sénéchal de Waldburg derrière le dos des insurgés.

BOCCACE (Boccacio, Giovanni) (1313-1375) : célèbre poète et humaniste italien, auteur du *Décaméron*.

BOHEIM, Hans (Jean le Joueur de fifre) : berger et prédicant populaire à Niklashausen. Dirigea le mouvement paysan dans l'évêché de Wurzbourg et fut brûlé en 1476.

BONAPARTE, Louis : futur Napoléon III.

BREITENSTEIN, Sébastian von : prince abbé de Kempten.

BRIGHT, John (1811-1889) : cotonnier anglais et homme politique libéral.

CASIMIR (1481-1527) : margrave de Brandebourg-Ansbach-Bayreuth de 1519 à 1527. Représentant de la branche franconienne des Hohenzollern, noya les révoltes d'Ansbach et de Rothenbourg dans un bain de sang.

CHRISTOPHE Ier (1453-1527) : margrave du Bade.

CLÉMENT VII (1478-1534) pape depuis 1523.

CONRAD III de Thuringe (env. 1466-1540) : prince abbé de Wurzbourg de 1519 à 1540 : Exerça une répression sanglante contre les paysans insurgés de Franconie.

CSÁKY, Mikios (Nicolas) : évêque de Csanad, empalé en 1514 par les paysans révoltés.

DIETRICHSTEIN, Sigmund, baron depuis 1515 (1484-1540) : commandant des troupes impériales pour la Styrie, la Carinthie et la Haute-Autriche, qui réduisit l'insurrection paysanne de 1515-1516 et affronta encore les bandes insurgées en 1525.

DOZSA, Georg (env. 1474-1514) — membre de la petite noblesse de Transylvanie. Prit la tête de l'insurrection paysanne et fut effroyablement torturé.

DOZSA, Gregor : frère du précédent, partagea son sort.

EISENHUT, Anton : prêtre qui prit la tête de l'insurrection paysanne à Eppingen (Palatinat).

EITEL, Hans : paysan de Bermatingen, qui commanda la bande du Lac en 1525 et signa avec le sénéchal le traité de Weingarten.

ERNEST II (1464-1513) archevêque de Magdebourg, primat d'Allemagne depuis 1476.

ÉVÊQUE de Bamberg : voir Weigand.

ÉVÊQUE de Strasbourg : voir Hontein.

ÉVÊQUE de Wurzbourg : voir Rudolf H.

FERDINAND Ier (1503-1564) : archiduc d'Autriche et duc de Wurtemberg et de Teck. Empereur à partir de 1556.

FEUERBACHER, Matern : conseiller et chef de l'opposition bourgeoise à Bottwar (Wurtemberg). Chef de la grande bande chrétienne en 1525, s'enfuit en Suisse après la défaite.

FLORIAN : voir Greisel.

FORNER, Anton : maire de Nördlingen (Franconie). Se joignit en 1525 aux paysans insurgés.

FOURIER, Charles (1772-1837) : socialiste utopique français.

FRANÇOIS Ier (1494-1547) : roi de France.

FRÉDÉRIC III, dit le Sage (1463-1525) : prince électeur de Saxe (1486-1525) fonda l'université de Wittenberg ; accorda sa protection à Luther et persécuta Thomas Münzer.

FRUNDSBERG, Georg von (1473-1528) : chef des mercenaires allemands au service de la Ligue souabe ; participa à l'écrasement des paysans en Souabe et dans l'évêché de Salzbourg.

GEISMAIER (ou GAISSMAYR), Michael (env. 1490-1527) : secrétaire de l'évêque du Tyrol. Chef des insurrections paysannes dans le Tyrol et l'évêché de Salzbourg. Partisan de Thomas Münzer, il meurt assassiné.

GEORG : voir sénéchal de Waldburg.

GEORGES (le Riche ou le Barbu) (1471-1539) : duc de Saxe à partir de 1500 ; organisa en 1525 la répression contre les paysans insurgés. Adversaire de la Réforme.

GERBER, Erasmus : un des chefs des paysans révoltés de Basse-Alsace. Pris à Saverne et fut pendu en 1525.

GERBER, Theus : chef de la bande des plébéiens insurgés de Stuttgart qui se joignirent, en 1525, aux paysans wurtembergeois. Après la défaite s'enfuit à Esslingen.

GEYER, Florian, von Geiersberg : chevalier qui combattit en 1525 aux cotés des paysans insurgés ; chef de la bande noire, mort en 1525.

GREBEL, Konrad : chef de la secte anabaptiste à Zurich, partisan de Münzer.

GREGOR, von Burgbernheim : chef des insurgés du margraviat d'Ansbach.

GREISEL, Florian : pasteur d'Aichstetten, participa à l'insurrection en Souabe et se réfugia en Suisse après le traité de Weingarten.

GUGEL-BASTIAN : chef du soulèvement à Bühl, dans le margraviat du Bade. Décapité en 1514 à Fribourg.

GUILLAUME III, évêque de Strasbourg : voir Honstein.

HABERN, Wilhelm : maréchal commandant les troupes de l'électeur du Palatinat.

HEGEL, Friedrich (17701831) : éminent philosophe allemand.

HELFENSTEIN, Ludwig, comte von (env. 1498-1525) : gouverneur autrichien de Weinsberg (Wurtemberg), exécuté par les paysans insurgés.

HIPLER, Wendel : noble, ancien chancelier des comtes de Hohenlohe, chef des paysans insurgés de l'Odenwald. Dirigea la rédaction du programme de Heilbronn. Réussit à s'enfuir après la défaite, mais fut repris et mourut en prison.

HOHENLOHE, Alfred et Léopold, comtes de.

HONSTEIN, Wilhelm, comte de (env. 1470-1541) : landgrave d'Alsace, évêque de Strasbourg (1506-1541) gouverneur de Mayence depuis 1524.

HOSSZU, Anton : un des chefs de l'insurrection paysanne hongroise de 1514.

HURMAIER (Hubmayer), Balthasar (env. 14801528) : curé de la paroisse de Waldshut dans la Forêt-Noire. Disciple de Münzer, il fut brûlé sur un bûcher.

HUS, Jan (env. 1369-1415) : professeur à l'université de Prague ; chef de la Réforme tchèque, fut brûlé comme hérétique.

HUTTEN, Frowin von : cousin d'Ulrich, partisan de Sickingen pendant la révolte de la noblesse de 1522. A servi à la cour de l'électeur de Mayence et participa à l'écrasement de l'insurrection paysanne en 1525.

HUTTEN, Ulrich von (1488-1523) : humaniste allemand, chevalier d'Empire. Théoricien de la révolte de la noblesse en 1522-1523.

JACQUES : un des chefs de l'insurrection Paysanne de Picardie. Il serait né en Hongrie.

JEAN (le Constant) (1468-1532) : duc de Saxe, prince électeur à partir de 1525. Persécuta Münzer et écrasa le mouvement paysan en Thuringe.

JOACHIM DE FLORE (le Calabrais) (env. 1132-1202) : mystique italien du moyen âge dont les doctrines furent condamnées par l'Église.

JOSS Fritz, d'Untergrombach (mort vers 1517 ?) : réorganisateur du Bundschuh dans la Forêt-Noire.

KNOPF de LEUBAS : voir Schmidt Jörg.

LAMPARTER, Gregor (1463-1523) : conseiller, puis chancelier du duc Ulrich de Wurtemberg.

LANDGRAVE DE HESSE : voir Philippe Ier (le Généreux).

LANG Matthäus (env. 1468-1540) : archevêque de Salzbourg, puis cardinal ; persécuta les partisans de la Réforme et écrasa en 1525-1526 les paysans et citadins insurgés. LAURENTIUS : voir Mészàros.

LIMPURG : famille de comtes qui portaient le titre d'échansons impériaux.

LORCHER : conseiller du duc Ulrich de Wurtemberg.

LOUIS V (1478-1544) : prince électeur du Palatinat depuis 1508 ; participa à l'écrasement de la révolte de la noblesse.

LOUIS XI (1425-1483) : roi de France après 1461.

LOWENSTEIN, Ludwig et Friedrich, comtes de.

LUTHER, Martin (1483-1546)

MAÎTRE DE HONGRIE : voir Jacques.

MANTEL, Johann (env. 1468-1530) : théologien, prédicateur à Stuttgart, disciple de Münzer.

MARGRAVE DE BADE : voir Christophe Ier.

MARGRAVE DE BRANDEBOURG-ANSBACH : voir Casimir.

MARX, Karl (1818-1883).

MAXIMILIEN Ier (1459-1519) : empereur d'Allemagne à partir de 1493.

MELANCHTON Philipp (1497-1560) : théologien allemand, le plus proche collaborateur de Luther.

MENZINGEN, Stephan von : noble qui dirigea l'insurrection de Rothenbourg, fut exécuté en 1525.

MESZÀROS, Laurentius : prêtre à Szeged ; un des chefs de l'insurrection de 1514.

METZLER, Georg : aubergiste de Ballenberg ; un des chefs de l'insurrection dans l'Odenwald.

MULLER, Hans, de Bulgenbach : un des chefs paysans de la Forêt-Noire. Exécuté en 1525.

MÜNZER, Thomas (env. 1490-1525) : théologien, d'abord partisan de Luther, puis étendant la notion de liberté à l'État et à la société. Exécuté après la bataille de Frankenhausen.

OWEN, Robert (1771-1858) : socialiste utopique anglais qui tenta dans la manufacture de New-Lanark de mettre en pratique ses idées sur le collectivisme et l'éducation.

PAPE (1523-1534) : voir Clément VII

PFEIFER, Heinrich (exécuté en 1525) : disciple de Münzer et prédicateur populaire ; dirigea l'insurrection urbaine à Mulhausen.

PHILIPPE Ier (1479-1533) : margrave du Bade qui participa à l'écrasement des paysans révoltés.

PHILIPPE Ier (le Généreux) (1504-1567) : landgrave de Hesse, réprima la révolte de la noblesse (1522-1523) et aida à l'écrasement des paysans révoltés de Thuringe.

PRASSLER, Kaspar : chef des mineurs et des paysans révoltés de l'évêché de Salzbourg en 1525.

PREGIZER, Kaspar : coutelier de Schorndorf (Wurtemberg), un des organisateurs du « Pauvre Conrad ». Participa à l'insurrection de 1514 et réussit à s'enfuir aux Pays-Bas. PRINCE ABBÉ de Kempten : voir Breitenstein.

PRINCE ABBÉ de Wurzbourg : voir Conrad III.

RABMANN, Franz : prédicant de Griessen, disciple de Münzer ; participa aux insurrections dans la Forêt-Noire et le Klettgau ; pris et exécuté en 1525.

RICHARD von Greifenklau (1467-1531) : prince électeur et archevêque de Trèves à partir de 1511 ; adversaire de la Réforme.

ROHRBACH, Jäcklein : un des chefs de l'insurrection paysanne de 1525 en Franconie, particulièrement dur à l'égard des nobles ; torturé à mort sur l'ordre du sénéchal de Waldburg.

RUDOLF II de Scherenberg (env. 1405-1495) : prince évêque de Wurzbourg de 1466 à sa mort.

SAINT-SIMON, Claude-Henri de Rouvroy, comte de (1760-1825) : socialiste utopique français.

SCHAPPELER, Christoph (1472-1551) : théologien, disciple de Münzer ; chef du mouvement plébéien à Memmingen.

SCHMID, Jörg (dit Knopp de Leubas) : chef des paysans insurgés de l'Allgäu, exécuté en 1525.

SCHMID, Ulrich : forgeron, chef de la bande de Baltringen.

SCHNEIDER, Georg : ancien capitaine des mercenaires au service de la France ; participa en 1513 à la conspiration du Bundschuh.

SCHÖN, Ulrich : participa à la Guerre des paysans ; un des chefs de la bande de Leipheim. Fait prisonnier et exécuté en 1525.

SÉNÉCHAL : voir Waldburg.

SICKINGEN, Franz von (1481-1523) : chevalier, chef militaire et politique de la révolte de la noblesse.

SINGERHANS (Singer, Hans) : un des chefs du « Pauvre Conrad » et de l'insurrection paysanne de 1514 dans la Haute-Souabe.

SOULTZ, Rudolf, comte de : juge au tribunal d'Empire de Rottweil ; un des organisateurs de la répression de l'insurrection paysanne dans le sud de l'Allemagne. En 1529, bailli en Haute-Autriche.

SPÄT, Dietrich (mort en 1536) : gros propriétaire foncier féodal ; commanda en 1525 une partie des troupes du sénéchal.

STOFFEL de Fribourg : un des organisateurs du Bundschuh en 1513. Réussit à s'enfuir après la découverte de la conjuration.

STOLBERG, Bodo, comte de (1467-1538) : conseiller impérial, gouverneur des monastères de Magdebourg et d'Halberstadt, conseiller du cardinal Albrecht.

STORCH, Niklas (mort en 1525) : Tisserand de Zwikkau, chef de la secte anabaptiste ; prêcha sous l'influence de Münzer l'insurrection populaire contre les seigneurs féodaux et ecclésiastiques.

SZALERESI, Ambros : bourgeois de Pest ; se joignit en 1514 à l'insurrection paysanne et passa à l'ennemi avec les éléments bourgeois de l'armée.

TELEKI, Istvan : voïvode de Transylvanie, conseiller du roi, puis trésorier en Hongrie ; tué en 1514 par les insurgés.

THUMB, Konrad (1465-1525) : conseiller du duc Ulrich de Wurtemberg.

THUNFELD, Kunz von : chevalier. Vassal de l'évêque de Wurzbourg, chef militaire de l'insurrection de 1476 à Niklashausen.

THUNFELD, Michael von fils du précédent.

ULRICH, von Hutten (1487-1550) : duc de Wurtemberg depuis 1498 ; chassé en 1519 par l'Union souabe, essaya d'utiliser l'insurrection paysanne de 1525 pour restaurer son pouvoir ; remonte sur le trône en 1534.

VASCO DE GAMA (1469-1524) : célèbre navigateur portugais.

WALDBURG Georg, sénéchal de (1488-1531) : commandant militaire de la Ligue souabe en 1519 contre Ulrich de Wurtemberg, en 1525 contre les paysans insurgés.

WAT TYLER (assassiné en 1381) : chef des paysans insurgés anglais.

WEHE, Hans Jakob : prêtre de Leipheim, partisan de Münzer ; exécuté en 1525 après la défaite de l'insurrection.

WEIGAND von Redwitz : évêque de Bamberg de 1522 à 1556, adversaire de la Réforme. Fit écraser dans le sang la révolte des paysans franconiens.

WEITMOSER, Erasmus : artisan ; chef des mineurs et des paysans insurgés de Salzbourg.

WELSER : famille de négociants et banquiers d'Augsbourg aux XVe et XVIe siècles, créanciers des monarques d'Europe.

WYCLIFFE (Wyclif), John (env. 1324-1384) : théologien et réformateur anglais, chef du mouvement des lollards.

Lutta pour la fondation d'une Église indépendante de Rome.

ZÁPOLYA, Janos Johann (1487-1540) : chef militaire, depuis 1511 voïvode de Transylvanie ; dirigea en 1514 la répression contre les paysans insurgés ; proclamé roi de Hongrie en 1526.

ZIMMERMANN, Wilhelm (1807-1878) : historien, démocrate petit-bourgeois, participa à la révolution de 1848 ; siégea à l'extrême-gauche de l'Assemblée de Francfort ; a publié en 1841-1843 son *Histoire générale de la guerre des paysans.*